역사가 쏙쏙
지혜가 쏙쏙
선사시대

역사가 쏙쏙 지혜가 쑥쑥, 선사시대

펴 낸 날/ 초판1쇄 2020년 12월 24일
지 은 이/ 임영태, 최진성, 전유진, 양슬기, 오민지

펴 낸 곳/ 도서출판 기억
펴 낸 이/ 이대건
편   집/ 책마을해리

출판등록/ 2010년 8월 2일(제313-2010-236)
주   소/ 전북 고창군 해리면 월봉성산길 88 책마을해리
           서울 서대문구 북아현로 16길7
문   의/ (대표전화)02-3144-8665, (전송)070-4209-1709

ⓒ임영태 외, 도서출판 기억, 2020

ISBN 979-11-91199-06-2 73900

이 도서의 국립중앙도서관 출판예정도서목록(CIP)은 서지정보유통지원시스템 홈페이지(http://seoji.nl.go.kr)와
국가자료종합목록 구축시스템(http://kolis-net.nl.go.kr)에서 이용하실 수 있습니다. (CIP제어번호: CIP2020051695)

그려보고 붙여보고 역사 속으로 함께 여행

역사가 쏙쏙
지혜가 쑥쑥
선사시대

임영태, 최진성, 전유진, 양슬기, 오민지 지음

| 펴내는 글 |

역사 공부를 처음 시작하는
어린이들에게

다섯 고개로 이 책을 열어볼게요. 역사 공부를 시작하는 어린이 여러분도 공감한다면 손가락을 하나씩 접어주세요.

1. 역사 이야기 듣는 것은 재밌지만 기억에 오래 남지는 않음.
2. 책의 문장만으로는 역사적 사건을 생생하게 상상하는 데 어려움을 느낌.
3. 머릿속에 시대가 뒤섞여 어느 시대에 있었던 일인지 구분하기 어려움.
4. 옛날 사람들 일이라 공감이 잘 안 됨.
5. 암기에 약해서 역사 과목마저 싫어지려고 함.

이 책을 만든 사람들은 모두 어딘가의 초등학교 선생님들이에요. 여러분의 담임선생님이나 교과 전담 선생님처럼요. 교실에서 학생들을 가르치면서 다섯 고개의 손가락을 한두 개, 심하면 모두 접은 학생들까지 만나보

았답니다. 특히 5번 학생들을 보았을 때 너무 안타까운 마음이 들었어요. 왜냐하면 사회는 암기가 아니라 과학과 마찬가지로 탐구과목이거든요.

하지만 학교 선생님들이 암기형이 아닌 탐구형 사회 수업을 이끌어가기에는 현실적으로 어려운 부분이 여러 가지 있어요. 그중 하나는, '여러분이 갖고 있는 역사 지식 간 수준차가 크다'는 것이에요. 역사를 처음 접하는 학생들은 일단 배경지식을 갖춰야 이를 응용하고 탐구할 수 있거든요. 하지만 여러분이 초등학교 수준에서 갖춰야 할 역사 지식의 양이 꽤 많아요. 그러다 보니 다섯 고개의 손가락을 접게 되는 학생이 많았어요.

선생님들은 여러분이 역사 지식을 쌓을 때에도 쉽고 재밌게, 활동해가며 정확하게 쌓길 바라는 마음으로 이 책을 만들었어요. 여러분과 같은 학생들을 가르치는 동시에 책을 구상하고 만들어 검토하고 출판하기까지의 과정이 쉽지 않았어요. 그렇지만 집에서 책으로 활동하며 재밌게 역사 이야기를 접하고, 학교에 와서 탐구형 수업에 즐겁게 참여하는 여러분의 모습을 상상하며 여기까지 왔답니다. 이야기 속으로 빠져들며 역사 과목의 매력을 느낄 수 있길! 이 책이 여러분에게 적절한 도움을 줄 수 있길 바랄게요.

2020년 겨울

영태, 진성, 유진, 슬기, 민지 선생님이

| 차례 |

펴내는글   **004**

프롤로그   **009**

구석기시대로 떠나는 이야기여행   **021**

1. 구석기시대 사람들은 어떻게 살았을까?   **026**

2. 구석기에는 어떤 도구를 사용했을까?   **050**

3. 구석기시대 사람들은 어떤 그림을 그렸을까?   **063**

4. 구석기시대 장례문화는 어땠을까?   **067**

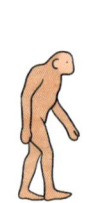

신석기시대로 떠나는 이야기여행   **075**

1. 신석기시대 사람들은 어떻게 살았을까?   **078**

2. 신석기시대 사람들은 어떤 도구를 사용했을까?   **114**

3. 신석기시대 사람들이 그린 벽화를 알아봅시다   **124**

4. 신석기시대 사람들은 어떤 종교를 가지고 있었을까?   **129**

청동기시대로 떠나는 이야기여행   **143**

1. 청동기시대 사람들은 어떻게 살았을까?   **146**

2. 청동기시대 사람들은 어떤 도구를 사용했을까?   **190**

3. 청동기시대 죽음은 어떤 의미였을까?   **202**

4. 농경문 청동기를 통해 청동기시대를 좀 더 탐구해봅시다   **216**

스티커를 붙여보세요   **220**

등장인물과 시대배경

| 구석기 | 신석기 | 청동기 |

약 70만년 전   약 1만년 전   BC2000년 전

〈뼈다귀〉
용감하여 사냥에 적극적으로
나서고, 아빠를 무척 존경한다.

〈싸리〉
가족, 친구, 이웃을 사랑하고
약한 생명을 보호하려는
책임감을 강하게 갖고 있다.

〈조이〉
호기심이 많고 신중하여
무언가 결정할 때
시간이 오래 걸린다.

이 책을 발견하다니 제법이군.

크큭

나는 과거의 기억을 지키는 자.

동시에 이 동굴의 주인이기도 하지. 바로,

수련을 위해 동굴을 찾아온 자여,

이 책을 정독하여 내공을 쌓으면

그대가 바라던

'역사를 두려워하지 않는 자'의 칭호를 얻을 수 있다

두둥!!

이 방법대로 책을 읽으면 내공이 엉키지 않고 바르게 쌓일 것이다

이 책으로 선사시대 역사 여행을 떠나시는 여러분을 환영합니다. 이 책은 단순히 읽기만 하는 역사책이 아니라 여러분이 직접 책을 읽으면서 활동하는 굉장히 독특한 역사책입니다. 이 책을 사용하는 방법을 알면 좀 더 효과적으로 공부할 수 있겠죠?

가장 먼저 이 책의 구성을 알아볼게요. 이 책은 선사시대의 구석기, 신석기, 청동기의 역사에 대한 책입니다. 각 시대는 '생활모습', '도구', '종교(장례풍습)', '그림으로 배우는 역사'의 4장으로 구성되어 있습니다.

1장인 생활 모습은 각 시대의 생활 모습에 대한 재미있는 역사 이야기가 담겨 있습니다. 그리고 이야기와 함께 정말 재미있는 그림이 같이 그려 있어요. 그런데 여기서 잠깐! 이 책의 비밀이 있습니다. 그림엔 회색으로 색칠된 부분이 있는데 이 부분은 여러분이 스티커를 붙이는 활동을 통해 그림을 완성하는 부분입니다. 여러분이 붙이는 스티커는 여러분이 이야기를 통해 배우는 내용 중 아주 중요한 내용들이랍니다. 여러분이 배운 역사 지식을 확인하고 기억하는 데 큰 도움이 될 겁니다. 그리고 1장의 마지막에는 여러분이 배운 내용을 재미있게 확인하는 카톡 퀴즈 게임이 구성되어 있습니다. 미션을 해결할 때마다 WP(문제를 해결하면 받는 포인트)를 획득하게 된답니다.

2장인 도구에서는 각 시대의 대표적인 도구들에 대해 좀 더 깊이 있는 학

습이 게임 아이템 형태로 제공됩니다. 여러분들은 여러 도구들의 쓰임새를 배우고 이를 바탕으로 미션 상황에서 도구를 구매하여서 미션을 해결해야 합니다. 그런데 여기서 잠깐! 돈은 어디서 얻을 수 있을까요? 바로 1장의 카톡 퀴즈 게임에서 획득한 WP를 도구 미션에서 사용할 수 있습니다. 포인트가 부족한 친구들은 다시 1장의 카톡 퀴즈 게임을 수행하면서 포인트를 획득할 수 있답니다.

3장과 4장은 종교(장례풍습) + 그림으로 배우는 역사 또는 그림으로 배우는 역사 + 종교(장례풍습) 형태로 구성되어 있습니다. 종교(장례풍습) 부분은 재미있는 이야기와 그림으로 구성되어 있습니다. 그리고 sns 퀴즈 활동으로 마무리합니다. 여러분이 배운 내용을 재미있고 효과적으로 확인하는 활동입니다.

그림으로 배우는 역사는 말 그대로 각 시대의 대표적인 그림을 통해 당시 모습을 배우고 직접 그림을 여러분이 완성해보는 활동으로 구성되어 있습니다. 그런데 여기서 잠깐! 스티커를 붙일까요? 당연히 삽화에 스티커를 붙이면서 재미있게 공부하게 됩니다.

자, 이 책으로 공부하는 방법 잘 알았죠? 그럼 지금부터 재미있게 공부하세요. GO! GO!

이전 선   기록 사   한정된 기간

선사시대에 대해 알아볼까요?

여러분은 선사시대라는 말을 들어본 적이 있나요? 선사시대의 뜻을 풀어보면 '선先: 이전', '사史: 기록', '시대時代: 한정된 기간'입니다. 여러분은 뜻을 풀어보았나요? 선사시대의 뜻을 풀어보면 옛날 사람들이 기록으로 남긴 자료가 없는 시대'라는 뜻입니다. 그렇다면 선사시대의 모습을 우리는 어떻게 알 수 있을까요?

선사시대는 기록 대신에 유물(옛날 사람들이 남겨 놓은 물건)과 유적(옛날 사람들이 남겨 놓은 건물이나 땅의 모습)이 남겨져 있습니다. 우리는 선사시대 사람들이 남겨 놓은 유물과 유적을 통해 선사시대 사람들의 모습을 배울 수 있는 것입니다.

선사시대는 크게 사람들이 사용했던 도구의 특징에 따라 구석기(뗀석기, 약 70만 년 전), 신석기(간석기, 약 1만 년 전), 청동기(B.C 2000년 전) 시대로 나누어집니다. 도구를 기준으로 시대를 나눈 이유는, 각 시대에서 사용했던 도구에 따라 사람들의 생활 모습이 큰 영향을 받았기 때문입니다.

선사시대 사람들이 어떻게 살았냐고요? 자, 지금부터 여러분은 각 시대의 주인공인 뼈다귀, 싸리, 조이와 함께 재미있게 선사시대로 여행을 떠나보도록 해요.

BC와 AD

아는 알파벳이 모두 나왔군.

여러분이 역사책을 읽다 보면 'B.C 2000년', 'A.D 890'과 같은 연대(시간)를 표현한 연대기 표기법을 많이 보게 됩니다. 'B.C', 'A.D'에 대해 아는 것이 필요하겠죠? B.C라는 단어는 'Before Christ'를 줄인말로 기독교의 '예수가 태어나기 전'이라는 뜻입니다. A.D는 'Anno Domini'의 줄임말로 역시 기독교의 '예수가 태어난 해'라는 뜻입니다. B.C, A.D 모두 기독교의 '예수의 탄생'을 기준으로 연대기를 표시하는 단어들입니다. 예를 들어 'B.C 2000년'은 '예수가 태어나기 2000년 전', 'A.D 890'은 '예수가 태어난 후 890년 후'라는 뜻이 됩니다.

만약 여러분이 2010년에 태어났다면 여러분은 정확하게 A.D 2010년에 태어난 것입니다. 즉 '예수가 태어난 후 2010년 후에 여러분이 태어났다'라는 뜻입니다.

그런데 이상하지 않나요? 동양의 부처, 이슬람의 알라도 계신데 왜 유독 기독교의 '예수'가 역사의 연대기를 정하는 기준이 되었을까요? 현재의 연대기 표기법은 서양의 로마제국 시절에 만들어진 것으로 당시 로마의 국교(나라에서 정한 종교)가 기독교였기 때문에 기독교에서 가장 중요한 인물이자 신인 '예수'의 탄생을 기준으로 역사의 연대기를 정하게 된 것입니다.

100년 전　　　　　　0년　　10년 뒤 = AD 10년　　　　　　(AD)2020년
= BC 100년　　　　　　　　　　= 예수님 10세 되던 해
　　　　　　　　　　　　　　　= 10년

내가 태어난 (　　　　　)년을 기준으로 하면
지금은 (　　　　)년으로 표시할 수 있지.

다른 연대기 표기법을 사용한다면
지금은 몇 년도일까?

실제로 몇몇 불교국가에서는
부처님이 열반한 해를 기준으로 연대를 표시합니다.
열반이란, 불교에서 수련하여 도달할 수 있는 최고 경지를 뜻합니다.
2020년은 불기로는 2564년입니다. 단기로는 4353년이기도 합니다.
단기는 무엇을 기준으로 세는 연대기법일까요?

(힌트 : 단군)

구석기시대로 떠나는
이야기 여행

뼈다귀와 함께 **구석기시대**로 여행을 떠나요

여러분은 박물관에 돌이 전시되어 있는 것을 본 적이 있나요? 박물관에서는 왜 돌을 전시해 놓았을까요? 박물관에 돌을 전시해 놓은 이유는 250~20만 년 전 사람들이 돌로 도구를 만들어 사용했기 때문이에요. 전시된 돌들이 오래 전 사람들의 생활 모습을 추측하게 해주는 중요한 자료인 거죠.

아래 그림은 구석기시대 사람들이 사용한 '주먹도끼'예요. 구석기시대 사람들은 이 돌을 어떻게 사용했을까요? 또 주먹도끼를 사용하는 구석기시대 사람들의 생활 모습은 어땠을까요? 이번 장에서는 뼈다귀 가족의 이야기를 통해 구석기 사람들의 생활 모습을 알아봅시다.

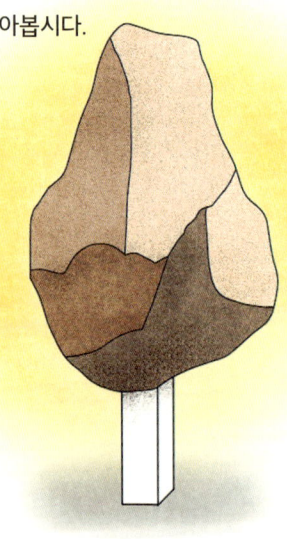

여러분이 구석기시대에서 만나게 될 대표적인 문화유산을 미리 확인해볼까요?

주먹 도끼

슴베찌르개

찍개

긁개

단양 수양개 동굴

구석기 막집 모형

1. 구석기시대 사람들은 어떻게 살았을까?

　오래전 지구는 용암과 몸에 나쁜 가스로 가득 차 있었어요. 그러다가 용암이 굳으면서 땅이 생겼고 바다도 생겼지요. 땅과 바다가 생기고, 몸에 나쁜 가스가 사라지자 생물도 나타났어요. 지구에 처음 나타난 생물은 아주 단순한 형태였어요. 하지만 시간이 지나면서 점점 진화했고, 사람도 살기 시작했지요. 우리나라에는 언제부터 사람이 살았을까요? 한반도에는 약 70만 년 전부터 사람이 살았다고 해요. 아주 오랜 옛날이지요. 최초의 사람은 원숭이와 아주 비슷한 모습이었어요. 시간이 흐르면서 두 발로 걸을 수 있게 되었고, 두발로 걸으면서 손이 자유로워지자 도구도 사용하게 되었어요. 원시인들은 주변에서 구하기 쉬운 돌을 이용해 도구를 만들었어요. 돌을 깨뜨리거나 떼어 내서 도구를 만들었지요. 이렇게 만든 도구를 '뗀석기'라고 해요. 뗀석기를 이용하던 시대를 구석기시대라고 하고요. 구석기시대 사람들의 생활 모습을 상상하면 질문이 꼬리에 꼬리를 물게 돼요. '바늘이랑 실도 없는데 어떻게 옷을 만들어 입었을까?', '무엇을 먹었을까?', '어디에서 살았을까?' 같은 것들 말이에요. 여러분도 궁금한 것이 생기지 않나요? 이번 장에서는 '뼈다귀' 이야기를 통해 구석기시대 사람들의 생활 모습을 알아볼 거예요. 그럼 수십만 년 전으로 역사 여행을 떠나볼까요?

"에취! 엄마, 가죽옷 해주세요. 날씨가 점점 추워져요."

"엄마, 엄마, 나도 나도."

"가죽이 어디 있어. 한 달 전에 토끼 몇 마리 잡은 게 다인데…."

무더운 여름이 지나고 구석기에 가을이 찾아 왔어요. 그동안은 나뭇잎과 줄기를 이용해 간단한 옷을 만들어 입었지만, 이제는 따뜻한 **가죽옷**을 입어야 하는 계절이 온 거예요. 구석기시대 사람들에게 옷은 단순히 아름다움이나 멋의 문제가 아니었어요. 생존과 관련이 있는 문제였지요. 초기 구석기시대 사람들은 옷을 입지 않았어요. 그래서 사냥을 하거나 열매를 딸 때 여기저기 긁히거나 다치기 일쑤였어요. 심하게는 추위에 목숨을 잃기도 했고요. 그러다가 주위 환경으로부터 몸을 보호하기 위해 구석기 사람들은 옷을 입기 시작했어요. 재료는 나뭇잎과 줄기, 가죽 등 주변에서 구하기 쉬운 것들이었어요. 물론 이것도 쉬운 일은 아니었죠.

"여보, 하루라도 빨리 사냥을 해야겠어요."

"그거야 그런데, 그게 마음대로 되나. 동물들이 워낙에 빠르고 사나워야 말이지…. 어제도 하루 종일 쫓아다녔지만 한 마리도 못 잡았다고."

뼈다귀 엄마가 아빠를 돌아보며 이야기하자, 아빠가 힘없이 대답했어요. 사냥만 생각하면 뼈다귀 아빠는 답답한 마음이 들었어요. 사냥을 하고 싶은 마음이야 굴뚝같지만 그게 생각처럼 쉬운 일은 아니었거든요. 구석기시대에 사냥을 하려면 동물한테 가까이 다가가야 했어요. 그런데 사람은 다른

동물들처럼 빠른 다리도, 날카로운 이빨도, 하늘은 나는 날개도 없어서 사냥 성공 확률이 매우 낮았어요. 어제도 아빠는 삼촌과 사냥을 하려고 나갔지만 허탕만 치고 돌아왔어요. 그러고 보니 최근에 고기 먹은 게 언제인지 생각도 안 날 지경이었어요.

뼈다귀 아빠가 한참을 고민하고 있는데 옆에 있던 뼈다귀 삼촌이 말했어요.

"형님, 이제 뼈다귀랑 긴눈이, 큰발이도 사냥에 데리고 갑시다. 동물들이 워낙 빨라서 우리 둘 가지고는 사냥감을 죄다 놓치기만 하잖아요. 멧돼지라도 만나면 도망가기 바쁘고…. 아직 애들이 어리지만 작은 동물 몰이는 할 수 있을 겁니다. 일단 토끼나 노루 같은 거라도 몰아오면 사냥 성공 확률이 훨씬 높아질 거예요."

"그래, 그렇게 해야겠어. 여자들은 지금처럼 숲에서 열매나 먹을 수 있는 풀 같은 것들을 구해오고, 뼈다귀랑, 긴눈이, 큰발이는 이제 컸으니까 아빠랑 삼촌 따라서 사냥하러 가자."

"그럼 우리 이제 코뿔소도 잡고 그러는 거예요? 와~ 고기랑 가죽은 걱정 없겠네."

狩獵 採集
사냥 수 사냥 렵 / 캘 채 모을 집

구석기시대에는 수렵과 채집을 통해 먹을 것을 구했어요. 수렵은 사냥 수(狩), 사냥 렵(獵)을 쓰는데 글자 그대로 사냥이라는 뜻이에요. 채집은 캘 채(採), 모을 집(集) 자를 쓰는데, 주변을 돌아다니며 먹을 수 있는 것을 모아 오는 것을 뜻해요.

구석기인들에게 사냥은 어려운 일이었어요. 앞에서 설명했던 것처럼 빠른 다리도, 날카로운 이빨도, 하늘을 날 수 있는 날개도 없었으니까요. 그래서 처음에는 다른 동물이 먹다가 남긴 고기를 먹었어요. 그러다가 차츰 도구를 발달시켜 다른 동물을 사냥할 수 있게 되었죠. 또 사냥에는 사람이 많을수록 유리하다는 것을 알게 되면서 사람들은 무리지어 살았어요.

그러나 사냥은 실패할 때도 많았기 때문에 구석기 사람들에게 채집은 먹을 것을 구하는 중요한 방법이었어요. 구석기시대 사람들은 나무 열매, 풀, 나무뿌리, 버섯, 물가에 있는 조그마한 조개 등 그야말로 먹을 수 있는 것이라면 무엇이든 먹었어요. 채집은 주로 여자들과 어린아이들이 했지만 아무나 할 수 있는 일은 아니었어요. 독이 들어 있는 것을 모르고 먹으면 죽을 수도 있으니까요. 따라서 구석기 사람들은 경험이 많고 식물에 관해 잘 아는 사람을 따라다니며 먹을 것을 모았어요.

뼈다귀가 신이 나서 이야기 하자, 아빠와 삼촌이 말꼬리를 흐리며 대답했어요.

"코뿔소는 좀…."

"그럼, 곰!"

"곰 괜찮네, 곰 괜찮아. 곰을 잡아서 고기도 먹고, 옷도 만들고."

"곰 잡으면 가죽 옷이 몇 벌이냐. 한동안 포식하겠는데."

> 뼈다귀 가족의 이야기에 '우리나라에 코뿔소가 살았어?'라고 생각하는 어린이들이 있을 거예요. 지금은 인도나 아프리카에서 사는 코뿔소가 구석기시대에는 우리나라에도 살았어요. 구석기 유적지인 청원 두루봉 동굴에서는 코끼리 상아와 코뿔소 뼈가 발견되었고, 평안남도 상원읍 검은모루 동굴에서는 코뿔소뿐만 아니라 코끼리, 원숭이, 물소, 하이에나처럼 지금은 한반도에 살지 않는 동물 뼈가 발견되기도 했어요. 구석기시대 우리나라의 기후가 지금과 많이 달랐음을 알 수 있는 증거예요.

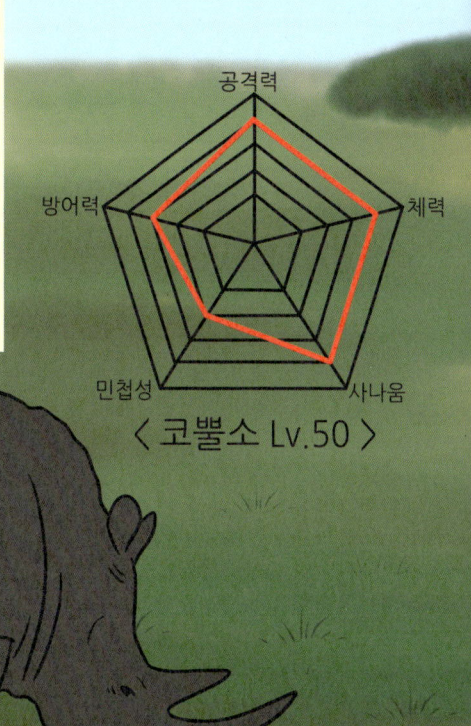

〈 코뿔소 Lv.50 〉

귀여운 바보 트리오가 곰을 잡는 상상을 하는 동안 뼈다귀 아빠와 삼촌은 노루를 잡기로 마음먹었어요. 노루는 숲에서 비교적 쉽게 찾을 수 있고, 많은 고기랑 가죽을 얻을 수 있을 뿐만 아니라 사납지 않아서 아직 어린 뼈다귀, 긴눈이, 큰발이와 함께 사냥해도 괜찮을 것 같았거든요.

"노루를 잡자."

삼촌과 상의한 뒤 뼈다귀 아빠가 말했어요.

"어떻게 잡을까요?"

뼈다귀 아빠의 말에 삼촌이 물었어요.

"이제 사람이 많아졌으니까 몰아서 잡는 게 좋겠어. 가을에는 노루가 산 중턱 응달진 곳에 주로 사니까 뼈다귀와 긴눈이, 큰발이, 그리고 네가 노루를 발견하면 계곡 쪽으로 몰아와. 나는 계곡 쪽에서 기다리다가 노루가 오면 잡을게. 뼈다귀, 긴눈이, 큰발이는 노루를 잡으려고 하지 말고 소리를 질러서 몰기만 해. 잡는 건 아빠랑 삼촌이 할테니까. 그리고 노루는 사람이 보이지 않으면

〈 노루 Lv.7 〉

멈춰서 주위를 둘러보는 습성이 있으니까 놓쳤다고 포기하지 말고 계속 몰아가. 그러면 잡을 수 있을 거야."

다음 날 아빠와 삼촌, 뼈다귀, 긴눈이, 큰발이는 도구를 챙겨 사냥을 나섰어요. 아빠와 삼촌은 돌도끼와 슴베찌르개를 단 창을 챙겼고, 뼈다귀와 긴눈이, 큰발이는 나무 몽둥이를 챙겼어요.

그러나 의욕과는 다르게 몇 시간째 산을 헤매고 다녀도 노루는 보이지 않았어요. 노루를 잡는다고 아침에 나왔는데, 어느덧 해가 저물어 가고 있었어요. 몇 시간째 밥도 제대로 먹지 못하고 산을 헤매다 보니 배도 고프고 다리도 너무 아파 왔어요. 그러다가 긴눈이가 투덜대며 바위에 걸터앉아 잠시 쉬려는 찰나, 나뭇잎을 먹고 있는 노루가 보였어요.

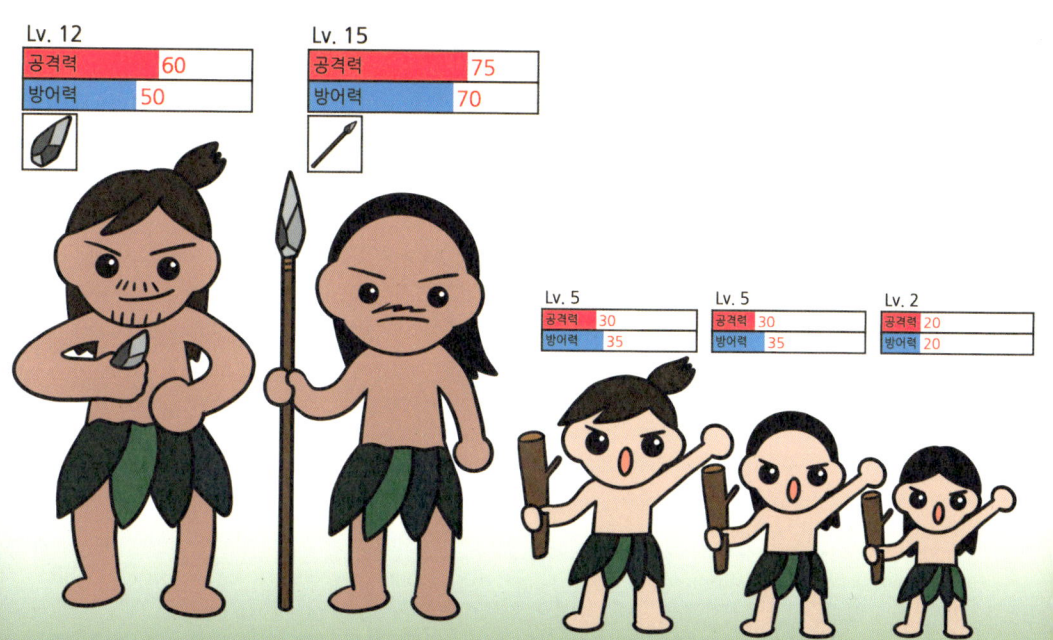

"앗! 노루다."

긴눈이가 노루를 보고 소리쳤어요.

"옆으로 퍼져."

"가까이 가지 말고 소리만 질러."

"계곡으로 몰아."

간신히 만난 노루를 놓칠세라 삼촌이 연달아 소리쳤어요.

역시 노루는 정말 빨랐어요. 노루가 자꾸 멈춰서 주위를 둘러보지 않았다면 진작에 놓쳤을 거예요. 뼈다귀와 긴눈이, 큰발이, 삼촌은 한참 동안 노루를 쫓아간 뒤에야, 노루를 뼈다귀 아빠가 기다리고 있는 계곡으로 몰아갈 수 있었어요.

"이제 거의 다 됐다."

노루를 쫓아오던 긴눈이가 숨을 헐떡거리며 말했어요.

"천천히 좁혀 들어가 한 번에 덮치려고 하지 말고!"

뼈다귀와 긴눈이, 왕발이가 성급하게 노루에게 다가가려고 하자 뼈다귀 아빠가 큰소리로 외쳤어요.

아빠의 말처럼 뼈다귀네 가족들은 조금씩 조금씩 포위망을 좁혀갔어요. 노루는 도망치려고 이리 저리 움직였지만 소용없었지요. 그때 삼촌이 슴베찌르개 창을 던져 노루를 맞췄고, 뼈다귀 아빠와 뼈다귀, 긴눈이, 큰발이가 동시에 덮쳐 노루를 잡았어요.

뼈다귀와 가족들은 노루를 나누어 메고 동굴로 돌아갔어요. 오늘밤에는 고기를 먹는다고 생각하니 저절로 콧노래가 나왔어요. 매일,

풀, 과일, 버섯 같은 것들만 먹는 게 너무 지겨웠거든요. 물론 그것도 배불리 못 먹을 때가 대부분이었지만요.

"저희 돌아왔어요."

뼈다귀가 동굴로 들어서며 큰소리로 외쳤어요.

"와~ 노루를 잡았네."

"오늘은 고기 맛 좀 보겠는 걸."

동굴에 있던 사람들이 몰려와 노루를 보며 말했어요.

사람들이 모여들자 뼈다귀는 괜히 으쓱해졌어요. 그래서 어떻게 노루를 잡았는지 과장을 보태가며 설명했어요. 아빠와 삼촌은 그런 뼈다귀를 바라보기만 했지요. 첫 **사냥**을 마치고 났을 때의 기분을 아빠도 삼촌도 잘 알고 있었으니까요.

뼈다귀와 아이들이 사냥한 이야기를 하는 동안, 아빠와 삼촌은 불을 피울 준비를 했어요.

삼촌이 슴베찌르개로 노루를 확!

"형님, 그런데 이제 다른 곳으로 옮길 때가 된 것 같아요. 사냥감을 찾기가 점점 어려워지네요."

불을 다 피우고 고기를 굽던 삼촌이 말했어요.

"나도 같은 생각이야. 그런데 어디로 가지? 조금 더 아래쪽으로 내려가 볼까?"

삼촌의 질문에 아빠가 걱정스러운 표정으로 대답했어요. 이제 조금 익숙해졌는데 또 어딘가로 떠나야 한다니 아빠는 마음이 불편했어요.

"나는 근처에 강이나 냇가가 있는 곳이면 좋겠어요. 지금은 강이 멀어서 물을 구하기가 너무 어려워요. 또 강이나 냇가 근처라면 물고기를 잡기도 쉬울 테니까요."

아빠와 삼촌의 대화를 듣고 있던 엄마가 이야기했어요.

"그것도 고려하면 좋겠군, 지난번에는 넓은 동굴만 찾으려고 했으니까 말이야."

"강이나 냇가가 근처에 있는 넓은 동굴이라…."

엄마, 아빠의 이야기를 듣던 삼촌이 이동할 곳을 생각하며 혼잣말을 했어요.

"그런 곳은 잘 없을 테니, 차라리 강가에 막집을 짓고 살아볼까요? 나무나 가죽으로 비를 피할 수 있게 간단하게 집을 짓고 거기에 사는 거예요."

삼촌의 말에 엄마가 대답했어요.

"동굴이든, 막집이든, 큰 바위 밑이든 먹는 게 가장 중요하니, 일단 먹을 게 많은 곳을 먼저 찾아봅시다."

"일단 고기가 다 구워졌으니까, 먹고 생각합시다."

고기를 굽던 삼촌이 말했어요.

"그래, 일단 며칠 동안 주변을 조금 더 살펴보고 결정하자."

"그래요. 일단 먹고 생각해봐요. 지금 바로 결정할 일도 아니고…. 얘들아, 이리 오렴. 고기 먹자."

엄마가 아이들에게 고기를 먹일 준비를 하며 대답했어요.

구석기시대 사람들은 주로 동굴에 살았어요. 건축 기술이 없던 구석기 사람들에게 동굴은 비바람과 사나운 동물을 피할 수 있는 최고의 장소였죠. 동굴을 찾기 힘들 때는 막집이나, 큰 바위 밑에 살았어요. 막집은 나뭇가지로 어설프게 지은 집이었지만 구석기 사람들에게 편안한 안식처가 되어 주었어요.

엄마와 아빠 삼촌은 구워진 고기를 아이들에게 나누어 줬어요. 아이들은 나무 막대에 꿰어진 고기를 후후 불어가며 먹었지요.

> 구석기시대에는 먹을 것을 다 같이 나눠 먹었어요. 고기든 과일이든 먹을 걸 구하기가 힘들었기 때문에 다 같이 나눠 먹지 않으면 누군가는 굶어 죽을 수도 있으니까요. 한 사람의 힘이라도 더 필요한 환경 속에서 누군가가 굶어 죽는다는 것은 커다란 손실이었을 거예요. 이런 일이 반복되면 그 무리의 힘이 약해져 다른 사람들도 위험에 처했을 거고요.

"엄마, 이제 나도 가죽옷 입는 거예요? 이제 가죽이 생겼잖아요?"

나무 막대에 꿰어진 고기를 먹으며, 뼈다귀 동생 둥근손이가 물었어요.

둥근손이는 처음부터 고기보다도 가죽옷에 더 관심이 많았어요.

"글세… 노루한테서 가죽이 얼마나 나오려나…. 아빠랑 삼촌이 사냥하러 숲에 많이 가니까. 아빠랑 삼촌 옷을 먼저 해드려야 할 텐데…."

엄마가 둥근손이를 놀리느라고 장난을 치자 동근손이의 눈에 벌써 눈물이 맺혔어요.

"아니야, 아니야. 둥근손이 옷부터 해줄게."

"그래, 동근손이는 아직 어리니까 둥근손이 가죽옷부터 해줍시다."

엄마의 말에 아빠가 거들면서 이야기했어요.

"그럼… 조개 목걸이도…."

아빠의 말에 둥근손이는 눈물을 훔치며 말했어요.

우는 와중에도 장신구를 챙기는 둥근손이가 귀여웠는지 아빠와 엄마는 웃음을 터뜨리고 말았어요.

"아빠 저도 **슴베찌르개** 창 만드는 법 알려 주세요. 창이 있어야 사냥을 잘 할 수 있을 것 같아요."

아빠와 엄마, 삼촌이 저녁 식사 뒷정리를 하는데, 뼈다귀가 다가와 이야기 했어요.

"슴베찌르개보다는 **주먹도끼**가 더 쓸모가 많으니까 내일은 같이 주먹도끼를 만들자꾸나."

아빠는 뼈다귀를 잠시 바라보다가 대답했어요. 이제 뼈다귀에게도 사냥을 위한 도구가 필요하다는 생각이 들었기 때문이에요.

구석기시대 사람들은 주먹도끼, 슴베찌르개, 찍개, 긁개 등 다양한 도구를 필요에 따라 만들어 썼어요. 커다란 돌을 이용해 원하는 도구를 뚝딱 만들어 내는 구석기인들은 돌 가공의 달인이었던 거죠. 필요한 도구를 만들어 쓰는 것은 인간만의 특징이에요. 원숭이나 수달과 같은 동물들도 도구를 사용할 수 있지만, 필요한 도구를 만들어 쓰는 것은 인간 밖에 없거든요.

뼈다귀는 누워서 오늘 있었던 일을 생각해 봤어요. 노루를 사냥했던 순간이 마치 조금 전에 있었던 일처럼 생생했어요. 그리고 오늘처럼 매일 사냥에 성공했으면 좋겠다는 생각도 했어요. 그러면 날마다 배부르게 먹을 수 있을 테니까요. 오랜만에 고기를 먹어서인지 동굴 속으로 불어오는 바람이 상쾌하게 느껴졌어요. 뼈다귀는 내일 아빠와 함께 주먹도끼를 만들 생각을 하며 기분 좋게 잠이 들었답니다.

뼈다귀와 동생의 대화방이에요. <보기>에서 적절한 말을 골라 빈칸을 채워주세요. 만약 잘 모르겠다면 앞으로 돌아가서 다시 이야기를 읽어보세요.

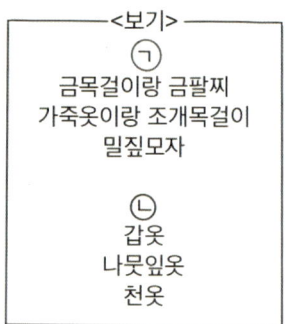

―<보기>―
㉠
금목걸이랑 금팔찌
가죽옷이랑 조개목걸이
밀짚모자

㉡
갑옷
나뭇잎옷
천옷

빈칸을 모두 채우면
WP 350 획득!

정답 ―
㉠ 가죽옷이랑 조개목걸이
㉡ 나뭇잎옷

<보기>

사냥해온 토끼고기와
사슴고기

농사지은 쌀과 보리

산에서 채집한
과일, 풀, 풀뿌리

그물로 잡은 물고기

마트에서 사온
라면, 삼각김밥

빈칸을 모두 채우면
WP 350 획득!

정답: 산에서 채집한 과일, 풀, 풀뿌리

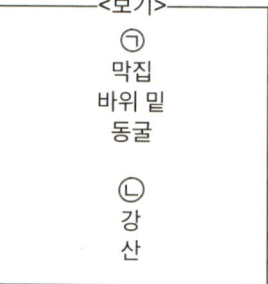

빈칸을 모두 채우면
WP 350 획득!

> 우리 구석기 사람들은 수렵과 채집을 통해 먹을 것을 구했어. 사냥은 어려운 일이야. 그래서 처음에는 다른 동물이 먹다가 남긴 고기를 먹었어. 그러다가 차츰 도구를 발달시켜 다른 동물을 사냥할 수 있게 되었어. 또 사냥에는 사람이 많을수록 유리하다는 것을 알게 되면서 많은 사람들이 함께 살게 되었지.

2. 구석기에는 어떤 도구를 사용했을까?

앞에서 설명한 것처럼 구석기에는 돌을 깨뜨리거나, 떼어내서 도구를 만들었어요. 그리고 이렇게 해서 만든 도구를 뗀석기라고 불렀고요. 뗀석기는 비록 주변에서 구하기 쉬운, 돌로 만든 단순한 도구였지만 구석기시대 사람들의 삶에 많은 영향을 주었어요. 도구를 사용함으로써 보다 큰 동물을 사냥할 수 있게 되었을 뿐만 아니라, 적은 힘으로 더 많은 일을 할 수 있게 되었거든요. 그럼 뼈다귀 가족과 함께 뗀석기는 어떻게 만드는지, 구석기에 사용한 뗀석기에는 어떤 것들이 있는지 알아봅시다.

뗀석기를 만드는 방법에는 여러 가지가 있어요.
가장 쉬운 방법은 돌을 바위에 던져 깨뜨린 뒤 날카로운 부분을 사용하는 방법이에요.

두 번째 방법은 돌을 커다란 바위에 내리쳐서 깨뜨리는 방법이에요.

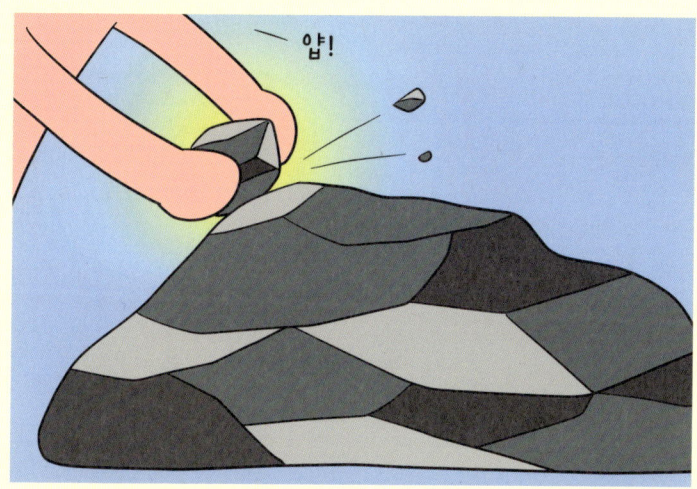

세 번째는 다른 돌이나 동물의 뿔로 내리쳐서 만드는 방법이에요. 다른 돌이나 동물의 뿔을 마치 망치처럼 사용하는 거지요.

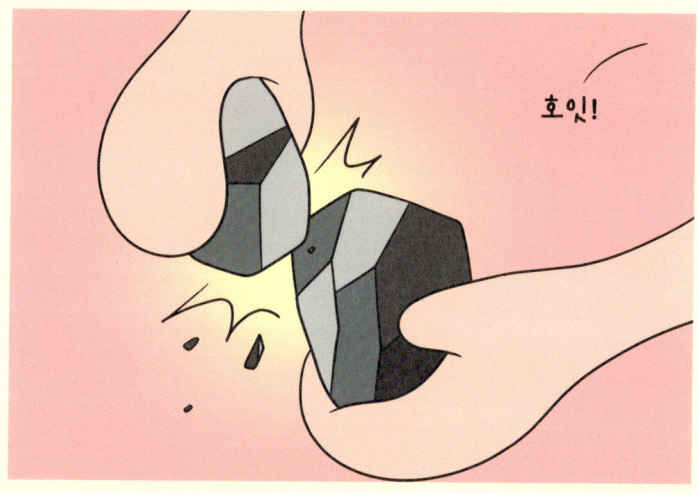

네 번째는 단단한 동물의 뼈나 뿔을 돌로 두드려서 만드는 방법이에요. 마치 조각하는 것 처럼요. 보다 정교한 도구를 만들 수 있겠지요?

다섯 번째는 동물의 뼈나 단단한 물체로 조각을 떼어내어 만드는 방법이에요. 작고 정교한 도구를 만들 때 주로 사용했어요.

떼석기 만드는 방법을 살펴보면, 떼석기 만드는 방법이 점점 정교해졌다는 것을 알 수 있어요. 바위에 돌을 던져서 만드는 방법은 떼석기 모양을 원하는 대로 만들 수 없었지만, 동물의 뼈나 단단한 물체로 조각을 떼어내는 방법은 만드는 사람이 의도한 대로 떼석기를 만들 수 있었거든요. 오랜 시간 도구를 사용하면서 구석기 사람들에게도 경험과 지혜가 쌓이고, 보다 정교한 도구를 사용해야 할 필요가 생기면서 이러한 변화가 나타났을 거예요.

〈 주먹도끼 〉

노루를 잡고 며칠 뒤, 뼈다귀와 아빠는 주먹도끼를 만들기로 했어요. 사냥하려면 뼈다귀에게도 도구가 필요하다고 생각했기 때문이에요.

뼈다귀와 뼈다귀 아빠는 강가에 왔어요. 주먹도끼를 만들 돌을 고르기 위해서예요. 주먹도끼를 잘 만들려면 먼저 돌을 잘 골라야 해요.

뼈다귀와 아빠는 강가에서 주운 다른 돌을 망치처럼 이용해 주먹도끼를 만들기로 했어요. 뼈다귀와 아빠에게는 단단한 동물의 뼈도 뿔도 없었거든요. 아빠는 강가에서 고른 돌을 평평한 바위에 올려놓고 다른 돌로 내리쳐 주먹도끼를 만들었어요. 잠시 멈춰서 만들던 주먹도끼를 자세히 살피기도 하고, 손이 아파 쉬기도 했어요. 뾰족한 부분이 부러져 몇 번이나 다시 만들기도 했지요.

주먹도끼는 둥근 쪽을 한 손으로 잡고, 날카로운 부분을 사용하는, 구석기시대 대표적인 뗀석기예요. 사냥뿐만 아니라 땅을 파는 데도, 사냥한 짐승 털과 가죽을 분리하는 데도 사용하는 구석기시대의 만능 도구지요.

주먹도끼를 만든 다음 아빠와 뼈다귀는 동굴로 돌아왔어요. 마침 식구들은 저녁을 먹으면서 사냥 이야기를 하고 있었어요.

"그래, 주먹도끼는 잘 만들었니? 주먹도끼가 생겼으니 이제 뼈다귀도 사냥에서 한몫하겠구나. 형님, 긴눈이와 큰발이에게도 도구를 만들어 주면 어떨까요? 그러면 더 큰 동물도 잡을 수 있을 텐데요."

동굴로 들어오는 아빠와 뼈다귀를 보고 삼촌이 말했어요.

"그거 괜찮은 생각이네. 그런데 어떤 도구를 만들어 주면 좋을까?"

"일단 사냥에 어떤 도구들을 쓰는지, 도구에는 어떤 특징이 있는지 알아보고 정하면 어떨까요?"

다음은 구석기시대 사람들이 사용한 도구예요. 쓰임새를 상상하며 각 도구를 살펴봅시다.

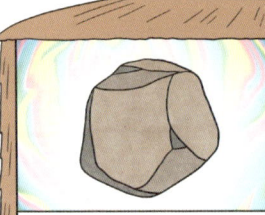

WP 50 / 공격력+1
공격범위 +1 / 방어력 +0
곡식 빻기(곡식이나 과일을 먹기 좋게 빻을 수 있습니다 HP+10) 돌팔매(먼 거리에 있는 사냥감 공격 1회가능)

여러면석기
주로 곡식이나 과일을 찧거나 빻는 데 사용한 여러면석기는 짐승을 사냥할 때 던지는 용도로 사용되었습니다.

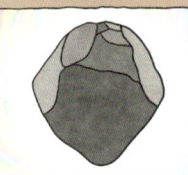

WP 100
공격력 +5
공격범위 +1
나무 획득

찍개
찍개는 돌을 깨뜨려 만든 도구입니다. 한 손에 들고 사용하는 찍개는 주먹도끼처럼 날카롭지는 않지만 만들기가 쉬워 나무를 자르거나 나무껍질을 다듬을 때 많이 사용되었습니다.

WP 300
공격력 +10
공격범위 +1
20% 확률로 치명타 발생

주먹도끼
주먹도끼는 사냥뿐만 아니라 땅을 파거나 동물가죽을 털과 분리하는 데도 쓰는 구석기시대 만능도구였습니다. 멀리 있는 사냥감을 공격할 수는 없지만 날카롭고 다루기 쉬워 사냥에 널리 이용되었습니다.

WP 600 / 공격력 +7
공격범위 +5(던지기 1회 가능)
방어력 +3
10% 확률로 치명타 발생
견제(사냥감의 이동범위 -30%)

슴베찌르개 구석기 후반에 나타난 슴베찌르개는 돌을 날카롭게 만든 뒤 나무에 매달아 창처럼 사용하는 도구였습니다. 만들기는 다소 어려웠지만 멀리 있는 동물을 사냥할 때도 쓸 수 있는 슴베찌르개는 구석기시대에 아주 유용한 사냥 도구였습니다.

WP 300 / 공격력 +3
공격범위 +1 / 방어력 +0
가죽 손질 +30%
고기 손질 +30%

긁개
깨진 돌조각으로 만든 긁개는 유용한 생활도구였습니다. 구석기 사람들은 긁개를 고기를 손질하거나 가죽을 벗길 때 칼처럼 사용했습니다.

WP 50
공격력 +2
공격범위 +5 / 방어력 +3
견제(사냥감의 이동 범위 -30%)

나무몽둥이
나무몽둥이는 가장 구하기 쉬운 사냥도구였습니다. 비록 공격력은 약하지만 멀리서 동물이 도망가지 못하도록 견제하는 데 효과적이었습니다.

아직 어린 뼈다귀, 긴눈이, 왕발이를 위해 뼈다귀 가족은 토끼를 잡기로 했어요. 사냥 연습인 거죠. 어떤 도구를 가지고 가면 좋을지, 알맞은 도구 스티커를 붙여 보세요. 도구를 고를 때는 여러분이 가진 WP를 잘 활용하세요! WP가 더 필요하다면 생활모습으로 돌아가 복습한 후, 퀴즈에 다시 도전해 필요한 WP를 획득하세요!

"좋아. 다음에는 큰 동물도 잡을 수 있겠는데."

아빠가 기분 좋게 이야기했어요. 얼마 전까지만 해도 아빠와 삼촌 둘이서만 사냥을 하다보니 실패하는 경우가 많았는데, 이제는 어떤 동물도 잡을 수 있을 것 같았기 때문이에요.

"맞아요. 다음에 코뿔소를 만나면 제가 이렇게 피하면서 주먹도끼로 머리를 콱! 해가지고 잡을 거예요."

사냥 도구를 갖게 될 거라는 생각에 신이 난 긴눈이가 말했어요.

"동물을 잡는 것도 좋은데, 사냥에서는 안 다치는 게 제일 중요해. 조금만 방심하면 목숨도 잃을 수 있거든."

기분이 들떠 있는 긴눈이가 걱정되어 삼촌이 말했어요.

구석기시대에 사냥은 목숨을 건 일이었어요. 구석기시대에는 의학이 발달하지 않아서 작은 상처로 죽을 수도 있었거든요. 과연 뼈다귀 가족은 코뿔소를 잡을 수 있을까요?

3. 구석기시대 사람들은 어떤 그림을 그렸을까?

라스코 동굴 벽화는 프랑스 도르도뉴 지방의 라스코 동굴에서 발견된 구석기시대 벽화예요. 말, 사슴, 들소 등 약 100점 이상의 동물 그림들이 그려져 있어요. 구석기시대 사람들은 그림을 그리면, 그려진 대상을 지배하는 힘을 얻는다고 믿었어요. 그래서 구석기시대 벽화에는 사냥의 성공과 풍요를 기원하는 주술적 의미가 담겨 있답니다.

순서대로 점을 이어서 벽화를 완성해 보세요.

여러분은 어떤 동물을 사냥해보고 싶나요? 나만의 벽화를 그려보세요.

4. 구석기시대 장례 문화는 어땠을까?

여러분은 무덤을 본 적이 있나요? 언제부터 사람들이 장례를 치렀을까요? 그리고 왜 죽은 사람을 땅에 묻었을까요? 청주시 문의면에서 발견된 '흥수아이' 유적을 보면, 이런 의문에 대한 힌트를 얻을 수 있어요. 장례 풍습에는 그 시대 사람들의 생각이 담겨 있거든요.

이번 장에서는 구석기시대 사람들의 장례 모습을 통해 구석기시대 사람들이 삶과 죽음, 그리고 죽음 이후를 어떻게 생각했는지 알아봅시다.

뼈다귀네 가족들이 동굴에 모여 앉아 울고 있어요. 긴눈이가 뱀에 물려 죽었기 때문이에요. 번식기 뱀은 신경이 예민해서 조심해야 하는데, 먹을 것을 채집하느라 정신이 팔린 긴눈이가 수풀에 있던 뱀을 보지 못했던 거예요. 그렇지 않아도 요즘 잘 먹지 못해서 몸이 약해져 있던 긴눈이에게 뱀독은 치명적이었어요.

구석기시대에는 긴눈이처럼 많은 사람들이 죽었어요. 먹을 것이 부족해 죽기도 하고, 다치거나 병에 걸렸을 때 제대로 치료를 못 받아 죽기도 했어요. 긴눈이처럼 아직 약한 어린아이들은 더 쉽게 죽었지요.

뼈다귀 가족은 긴눈이의 무덤을 만들기로 했어요. 흙으로 덮고 돌을 얹기로 한 거예요.

무덤을 만들기로 한 뼈다귀네 가족은 먼저 바닥에 평평한 돌을 깔고, 그 위에 긴눈이를 반듯하게 눕혔어요.

구석기시대 초반, 사람들은 죽은 사람을 바위틈에 숨기거나 풀 또는 나뭇가지로 감추었어요. 그러다가 흙으로 덮으면 시체가 썩는 것도 감출 수 있고, 냄새도 나지 않는다는 것을 알게 되었어요. 그래서 사람들은 점차 죽은 사람을 흙으로 덮기 시작했어요. 물론 무덤을 만든 것은 이런 이유 때문만은 아니에요. 무덤을 만든다는 것은 죽은 사람을 소중히 여기기 시작했다는 뜻이거든요. 구석기시대 사람들은 죽음 이후의 세계가 있다고 믿었어요. 그래서 무덤에 죽은 뒤에 먹을 고기나 평소 쓰던 주먹도끼 같은 것들을 같이 묻어주기도 했지요.

그런 다음 그 위에 꽃과 고운 흙을 뿌렸어요. 일부러 산 아래까지 내려가서 고운 흙과 국화를 구해오는 것은 번거로운 일이었지만 긴눈이를 사랑하는 마음에 비하면 아무것도 아니었어요. 고운 흙과 꽃잎을 뿌린 뼈다귀 가족은 긴눈이가 죽어서 좋은 곳에 가길 빌었어요.

그리고 마지막으로 넓은 돌판을 덮었어요.

4~5만 년이 지난 1983년.

"교수님, 여기 보세요! 정말 사람 뼈예요."

청주시 문의면 두루봉 동굴에서 유물을 발굴하던 연구원이 사람 뼈를 발견하고는 큰소리로 외쳤어요.

"어디, 어디! 진짜 사람 뼈잖아! 우리나라에서 구석기 시대 사람 뼈가 발견되다니, 정말 대단한 발견이야!"

"머리나 다른 뼈를 보니 아직 어린아이인 모양인데요."

"그러게, 이렇게 어린아이를 묻으며 얼마나 가슴이 아팠을까. 이 아이를 발견자인 김흥수 씨 이름을 따서 **흥수아이**라고 부르자고."

긴눈이 아빠의 SNS에 새 글이 올라왔어요. 아빠의 마음을 생각하며 <보기>에서 적절한 말을 골라 빈칸을 채워봅시다.

\#_____ \#_____
\#_____ \#_____

<보기>
\#국화꽃 \#고운흙 \#가죽옷 \#주먹도끼
\#눈물이비오듯 \#막집 \#사슴사냥 \#부디좋은곳에가길

신석기시대로 떠나는
이야기 여행

싸리와 함께 신석기시대로 여행을 떠나요

  추웠던 빙하기가 끝나고 날씨는 점점 따뜻해졌어요. 울창한 숲도 생기고, 노루나 멧돼지같이 작고 빠른 동물들이 나타났어요. 당연히 사람들의 생활모습도 구석기시대와는 많이 달라졌어요. 이때부터를 우리는 신석기시대라고 불러요.

  신석기시대는 지금 우리가 사는 모습과 비슷한 점이 꽤 많아졌어요. 자기가 원하는 모양의 도구를 정교하게 만들기도 하고, 농사를 지어서 곡식을 수확하기도 했어요. 또 흙으로 그릇도 만들고, 동물이나 자연물을 믿는 종교도 생겼어요.

  다음 장으로 넘겨서 신석기시대 사람들이 어떻게 살았는지 이야기를 읽어보도록 해요. 주인공 '싸리'가 여러분을 기다리고 있답니다.

여러분이 신석기시대에서 만나게 될 대표적인 문화유산을 미리 확인해볼까요?

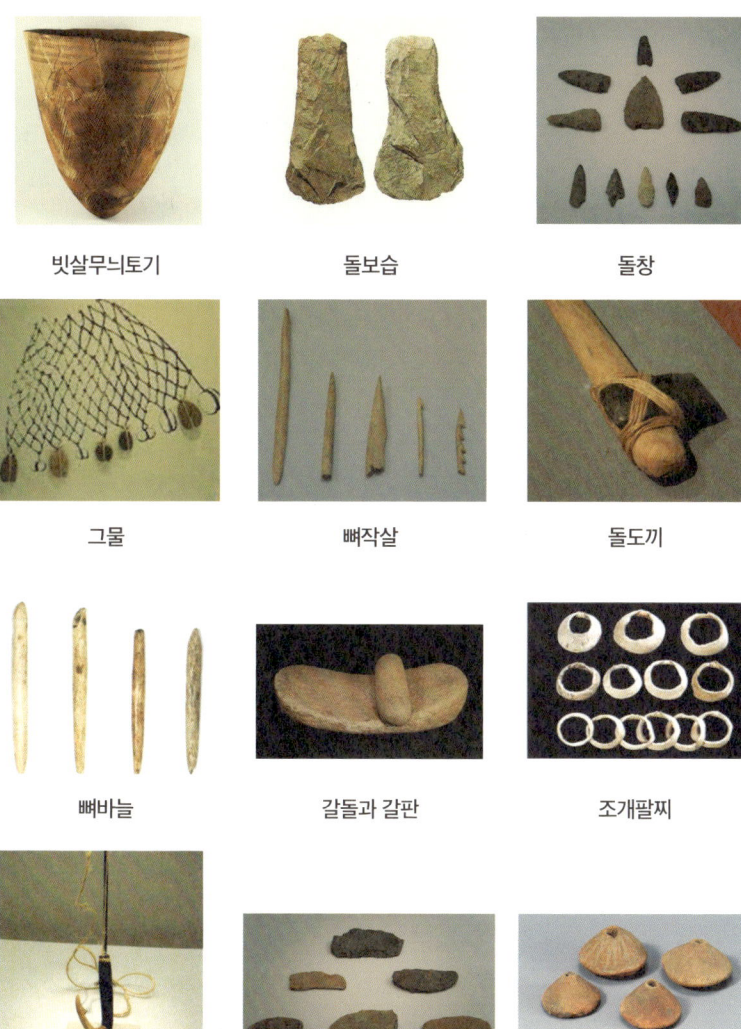

빗살무늬토기 돌보습 돌창

그물 뼈작살 돌도끼

뼈바늘 갈돌과 갈판 조개팔찌

낚시바늘 돌칼 가락바퀴

1. 신석기시대 사람들은 어떻게 살았을까?

아주 먼 옛날, 추웠던 구석기시대가 끝나고 지구가 점점 따뜻해지면서 강과 바닷물이 늘어났어요. 물이 늘어나면서 바닷속 물고기나 조개도 많아졌어요. 그래서 이 시기 사람들은 쉽게 식량을 구할 수 있는 강가, 바닷가에 살기 시작했어요.

그리고 자연에서 얻는 식량 말고도 사람이 스스로 식량을 만들어서 먹기 시작했어요. 바로 농사를 지었답니다. 하지만 아직 농사가 미숙해서 농사만으로는 배부를 정도의 식량이 나오지는 않았어요. 충분한 식량을 얻기 위해서는 농사짓는 사람, 사냥하는 사람, 낚시하는 사람, 과일 따오는 사람 등등 많은 사람들이 필요했어요.

그래서 신석기시대 사람들은 가족끼리 모여 살면서 마을을 이루었어요. 외할아버지, 이모, 친척 형, 누나 등등 대가족이 한 마을에서 살았어요. 마을 사람들은 모두 같이 일하고, 같이 사냥하고, 같이 밥을 나눠 먹으면서 함께 살았어요.

 오늘의 주인공 싸리는 부모님, 형과 함께 사는 여덟 살 아이예요. 취미는 친구들하고 바닷가에서 조개잡기, 특기는 마을 돼지우리에 있는 돼지들 돌보기예요. 오늘 싸리의 하루는 어떨지 같이 이야기를 읽어봅시다.

"얘들아! 돼지들한테 먹이 주고 올 사람?"

"저요!"

엄마의 말이 끝나자마자 싸리가 손을 냉큼 들었어요.

엄마는 집 한편에 있는 **구덩이**에서 채소뿌리, 도토리 등 음식들을 조금씩 꺼냈어요.

우리 가족은 먹을 음식들을 소중한 구덩이에 보관한답니다. 땅을 파고 그 안에 나뭇가지와 나뭇잎을 깐 다음 음식을 저장하면 필요할 때 꺼내 먹을 수 있어요.

나물 한 줌, 열매 한 줌, 도토리 한 줌!

그 옆에는 **바구니**들도 있어요. 싸리네 가족은 나물이나 열매 같은 음식이 생기면 한 번에 다 먹지 않고 조금씩 남겨서 바구니에 저장해뒀어요. 언제 갑자기 음식을 구하기 어려워질지 모르기 때문이에요.

엄마는 구덩이에서 꺼낸 음식을 바로 옆에 있는 **빗살무늬토기**에 담은 후 싸리에게 줬어요. 토기는 흙으로 만든 다음 뜨거운 불에 구운 그릇인데, 빗살무늬토기는 겉면에 빗금무늬가 있어서 빗살무늬토기라고 불려요. 특이하게도 밑 부분이 뾰족해서 땅을 조금 파고 콕 박으면 흔들리지 않게 고정할 수 있어요.

싸리는 엄마가 주신 빗살무늬토기를 받아들고 마을 끝에 있는 돼지우리로 달려갔어요. 그리고 싸리는 먹이통에 먹이를 부었어요. 돼지들이 먹이통으로 몰려들자 저 구석에 가려져 있던 작은 아기돼지가 모습을 드러냈어요. 싸리가 손에 들고 있던 빗살무늬토기를 땅에 박아서 고정하고, 손짓을 하자 아기돼지 쓰리가 웃으면서 달려왔어요.

"짜잔! 너 주려고 따로 빼놨지."

아기돼지 쓰리는 싸리가 몰래 챙겨둔 생선살을 맛있게 먹었어요.

많이 먹어,
다 먹어

싸리네 마을에서 돼지를 키우기 시작한 건 작년부터예요.

원래 싸리네 마을 사람들은 산에서 동물을 사냥하거나, 바다에서 물고기나 조개를 잡고, 주변에 있는 열매나 채소뿌리를 따서 식량을 마련했어요. 물론 동네 어른들이 조금씩 수수농사도 해서 수수로 만든 죽도 먹었어요.

하지만 날이 점점 추워질수록 물고기도 잡히지 않고 숲에 쌓인 눈 때문에 사냥도 실패했어요.

마을 사람들이 아무것도 먹지 못하고 굶는 날이 많아지자, 족장님은 사냥으로 잡아온 돼지들을 잡아먹지 말고 키우자고 하셨어요.

그렇게 키우게 된 돼지들은 마을 사람들이 모두 신경을 써준 덕분에 새끼도 많이 낳았어요.

그중 가장 작게 태어난 돼지가 바로 아기돼지 쓰리예요.

어른들은 작은 아기돼지에게는 관심이 없었고, 몸집이 큰 돼지들에게만 신경을 썼어요.

싸리는 아기돼지를 못 본 척 넘어갈 수 없었고, 자기가 직접 아기돼지를 키우기 시작했어요.

"이거 먹어, 이거라도 먹어야 힘이 나지."

"야! 너! 뚱돼지야! 저리 가! 괴롭히지 마!"

싸리는 얼마 없는 자기 밥을 남겨서 아기돼지에게 먹였고, 주위 돼지들에게 치이지 않도록 시간이 날 때마다 돼지우리에서 아기돼지를 지켰어요.

"너는 이제 내 동생이야, 내 동생 쓰리, 알았지?"

아기돼지 쓰리는 그냥 돼지가 아니에요. 싸리의 친구이자 동생이에요.

돼지들에게 밥을 다 준 싸리는 집으로 돌아왔어요.

아빠는 **돌보습**을 챙기며 나갈 준비를 하고 계셨어요. 돌보습은 농사지을 때 쓰는 건데 땅을 갈아서 흙을 부드럽게 해줘요.

"아빠, 어디 가세요?"

"새로운 밭을 만들기로 했단다. 이번 수수농사는 잘 되면 좋겠구나."

싸리네 마을 사람들은 가을에 수확한 수수를 저장해뒀다가 식량을 구하기 어려운 겨울에 수수죽을 끓여 먹어요. 올해 겨울에도 굶지 않고 보내기 위해서는 수수농사가 잘 되어야 해요. 하지만 수수농사는 워낙 어려워서 어른들은 걱정이 많아요.

"형은? 형도 나가?"

돌창과 돌도끼를 챙기면서 형이 대답했어요.

"동네 사람들이랑 사냥 가려고."

돌창, **돌도끼**는 돌을 날카롭게 갈아 나무에 묶어 만드는 사냥도구예요. 며칠 내내 돌을 날카롭게 만들기 위해 계속 갈더니 오늘이 사냥을 가는 날인가 봐요. 동네 형들이 사냥을 성공하면 드디어 고기를 먹을 수 있어요. 만약 사냥을 실패해도 산속에 있는 열매나 나무뿌리를 가져올 테니 어느 쪽이든 오늘 저녁은 맘껏 먹을 수 있을 것 같아요.

아빠와 형이 나가고 얼마 지나지 않아 밖에서 친구들이 싸리를 불렀어요.

"싸리야 놀자아~."

"엄마, 놀다 와도 돼요?"

"다치지 말고 너무 늦지 않게 들어와~."

엄마가 허락해주시자마자 싸리는 친구들에게 달려 나갔어요.

"물고기 잡으러 가자!"

"아빠한테 **뼈작살**도 빌려왔어!"

나무막대 끝에 날카로운 뼈를 달아서 만든 뼈작살은 어른들 물건이어서 사용해보지 못했는데, 오늘은 친구가 빌려와서 드디어 사용해볼 수 있어요.

싸리와 친구들은 근처 바닷가로 열심히 달려갔어요.

드디어 이 몸이 그토록 귀한 뼈작살을 얻어 왔다!

뚱이가 자리 잡아놨어.

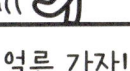

얼른 가자!

바다에는 이미 식량을 구하기 위해 낚시를 하러 온 어른들이 많았어요. 큰 그물을 치고 통발도 설치하면서 다들 물고기잡기에 집중하고 있어요.

그물에 돌멩이를 매달고 여러 명이 그물을 잡고 있으면, 다른 사람들이 반대편에서 물고기를 몰아와요.

물살이 빠른 길목에 **통발**을 설치해두면 물고기가 제법 잡혀요.

싸리와 친구들은 얕은 바다에서 낚시를 시작했어요.

어른들이 낚시를 할 때 뼈작살로 물고기를 찔러 잡던 모습이 생각난

참 아름다운 바다야!

아이들은 열심히 뼈작살을 물속에 찔러 넣었어요. 물고기가 보일 때마다 뼈작살을 던지고, 손으로 잡기 위해 잠수도 했지만 물고기는 쉽게 잡히지 않았어요.

"우리 그냥 조개 주울래?"

"그래, 좋은 생각이야."

아이들은 쫄딱 젖은 채로 갯벌로 나갔어요.

갯벌에는 조개가 군데군데 숨어있었고 아이들은 조개를 열심히 주웠어요.

시간이 한참 흐른 후, 온몸에 묻은 진흙을 바닷물로 씻어내고 아이들은 집으로 향했어요.

"그래도 조개 많이 주웠다, 그치!"

아이들은 칭찬받을 생각에 신이 나서 집으로 향하는 발걸음을 재촉했어요.

"잘 가~."

"안녕!"

"내일 또 놀자~."

조개를 들고 집에 돌아가는 길에 싸리는 마을 누나들을 마주쳤어요.

누나들이 어마어마한 양의 나물을 말리고 있었어요. 저 많은 양의 나물을 주변 산과 들에서 다 뜯어왔나 봐요.

예전에 누나들을 따라서 나물을 캐러 간 적이 있는데, 싸리는 무엇이 먹을 수 있는 나물인지를 구분조차 할 수 없었어요. 하지만 누나들은 날카롭게 간 **돌칼**로 쑥쑥 나물을 뜯었어요. 다들 대단한 사람들이에요.

"싸리, 조개 잡았네? 멋있는데!"

누나들에게 칭찬을 들은 싸리는 기분이 좋아서 폴짝폴짝 뛰었어요.

"다녀왔습니다!"

집으로 돌아온 싸리는 자기가 잡은 조개를 자랑했어요.

엄마는 싸리를 칭찬해주시면서 조개를 빗살무늬토기에 넣고 화덕에 올렸어요. 그 안에서 맛있게 익으면 조개를 먹을 수 있어요.

물에서 노느라 힘들었던 싸리는 조개 바닥에 누웠어요. 바닥에 누워서 쉬다 보니 싸리 눈에 집 기둥이 보였어요.

'저 기둥 세울 때 아빠가 진짜 힘들어하셨는데.'

이 집을 만들 때가 아른아른 생각났어요.

바람이 심하게 불던 때에 싸리네 움집이 무너진 적이 있어요. 그래서 마을 사람들과 같이 튼튼한 새 움집을 만들었어요.

땅을 움푹 파서 동그란 모양의 집터를 만들고, 그 위에 나무로 기둥을 세워요. 나무 기둥 위로 고깔 모양의 지붕 뼈대를 세우고, 갈대로 만든 지붕을 덮으면 완성이에요.

땅은 말랑말랑해서 파는 게 어렵지 않았는데 나무 기둥이 고정되지 않아 아빠가 힘들어하셨던 모습이 생각나요.

아빠가 열심히 세운 나무기둥에는 말린 생선이 매달려 있어요. 물고기를 잡으면 손질해서 햇볕에 말려요. 그러면 오랫동안 먹을 수 있어요. 자세히 보니 생선 한 마리 꼬리 부분에 살이 없어요. 아까 싸리가 아기돼지 쓰리에게 주려고 부모님 몰래 손으로 뜯어 냈거든요. 싸리는 괜히 헛기침이 나왔어요.

고개를 옆으로 돌리자 집 가운데 있는 **화덕**이 보여요. 화덕에서는 싸리가 잡아 온 조개들이 익고 있어요. 얼마나 맛있을까, 싸리는 벌써 신이 나요.

싸리와 쓰리가 어떤 경로를 통해 작은 동산에 갔는지 추측해 보세요.

바닥에서 뒹굴던 싸리는 조개가 익기 전에 아기돼지 쓰리를 보기 위해 다시 집 밖으로 나왔어요.

싸리는 돼지우리 문을 살짝 열고 쓰리를 돼지우리 밖으로 꺼내왔어요.

둘은 주변 풀밭을 산책하고 작은 곤충들도 구경했어요. 어른들이 열심히 농사지은 수수밭에 들어가자마자 아기돼지 쓰리가 수수를 먹으려고 해서 말리느라 힘들었지만, 그래도 둘은 행복했어요.

싸리는 작은 동산에 누웠어요. 그 옆에 아기돼지 쓰리도 자리를 잡고 누웠어요.

아마 돼지랑 산책한다고 하면 주위에서 비웃을 거예요.
"돼지를 우리 밖으로 꺼내면 어떡해! 도망가면 어쩌려고!"
"돼지랑 친구라고? 돼지는 키워서 먹는 거야!"
지금까지 들었던 지긋지긋한 잔소리가 아직도 귓가에 맴돌아요.

"아무렴 어때! 난 쓰리가 좋은 걸!"

내 인생은 나의 것

원래 사람은 잔소리를 들으며 자라는 거야!

아기돼지 쓰리와 재미있는 산책이 끝나고 싸리는 아기돼지 쓰리를 우리에 조심스럽게 넣어줬어요. 그리고 집으로 돌아오다가 마을 할머니들을 만났어요.

싸리는 공손하게 인사했어요.

할머니들은 실을 뽑고 계셨어요. 실을 뽑는 장면은 볼 때마다 신기해서 싸리는 할머니들 앞에 앉아 구경했어요.

삼이라는 식물 껍질에는 질긴 섬유질이 있는데, 이것을 이용해서 실을 만들 수 있어요. 삼 껍질을 가느다랗게 쪼갠 후, 동그란 **가락바퀴**를 이용해서 뱅그르르 꼬면 기다란 실이 돼요.

기다란 실을 베틀에 걸어서 옷감을 짜면, 그 옷감으로 얇은 옷을 만들어 입어요. 싸리가 지금 입고 있는 옷도 마을 할머니들께서 만들어 주신 옷이에요.

지금보다 날이 추워지는 겨울에는, 사냥으로 잡아온 동물의 가죽으로 두꺼운 옷을 만들어요.

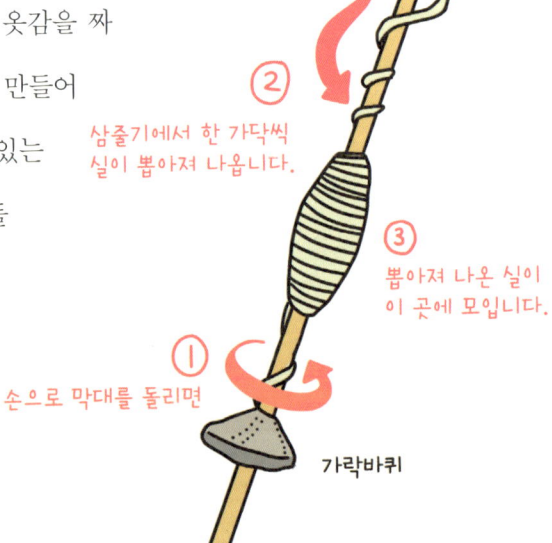

② 삼줄기에서 한 가닥씩 실이 뽑아져 나옵니다.

③ 뽑아져 나온 실이 이 곳에 모입니다.

① 손으로 막대를 돌리면

가락바퀴

만들어놓은 실과 동물의 뼈로 만든 **뼈바늘**로 가죽을 꿰매면 겨울에도 따뜻한 가죽옷이 완성돼요.

이번에 만드는 옷은 누구를 주시려나, 나한테 주면 좋겠다고 싸리는 생각했어요.

"싸리, 또 돼지우리 갔었니?"

"어쩜 저렇게 돼지한테 정을 붙이는지, 에휴."

"하하." 싸리는 멋쩍게 웃으며 할머니들의 잔소리를 뒤로 하고 집으로 향했어요.

어느새 아빠와 형이 집으로 돌아와 있었어요.

그리고 화덕에는 다 익은 조개 옆으로 고기가 익고 있었어요!

싸리는 신이 나서 방방 뛰었어요. 오늘 조개도 잡아 오고 고기도 있고,

싸리는 하늘을 날아갈 것 같이 기뻤어요.

드디어 고기가 다 익고 싸리네 가족은 아주 맛있게 고기를 먹었어요.

입 안 가득 고기를 넣은 싸리는 궁금해져서 어떤 고기인지 아빠한테 물어봤어요.

아빠는 돼지고기라고 대답했고, 고개를 끄덕이며 맛있게 먹던 싸리는 갑자기 이상한 기분이 들었어요.

"돼지고기라고요?"

그 순간 머릿속에 마을 어른들의 말이 떠올랐어요.

'돼지는 키워서 먹는 거야!'

설마, 싸리는 먹던 고기도 내팽개치고 돼지우리로 달려갔어요.

돼지들이 자고 있어서 잘 보이지 않았지만 아무리 돼지우리를 살펴봐도 방금 전까지 같이 산책했던 아기돼지 쓰리가 보이지 않았어요. 싸리는 눈물이 멈추지 않았어요. '내가 내 친구 쓰리를 먹었다니!'

* 싸리와 함께 아기돼지 쓰리를 찾아 보세요!
돼지는 서열에 민감하여 작고 약한 돼지는 주변으로 밀려난답니다.

영문을 모르는 가족들은 너무 놀라서, 엉엉 울면서 집으로 돌아온 싸리에게 물어봤어요.

"왜 그래, 무슨 일이야 싸리야, 왜 울어?"

"어떻게 내 친구를 잡아먹을 수 있어요! 쓰리는 내 친구인데! 다들 미워!"

싸리는 엉엉 울고 있는데 가족들은 분위기가 이상했어요.

부모님은 웃음을 참고 있었고, 형은 싸리를 한 대 쥐어박고 싶은 표정이었어요.

"야, 이거 내가 오늘 잡아온 멧돼지야!"

형이 소리치자 그제야 싸리는 눈물을 멈추고 형을 쳐다봤어요.

"친구들하고 잡아서 나눈 거야. 네 친구인가 뭔가는 건드리지도 않았어!"

"그래 싸리야, 이거 오늘 형이 열심히 잡아온 멧돼지야."

오늘 싸리 형과 친구들은 근처 산을 열심히 뒤져 멧돼지 발자국을 발견했어요. 한참을 살피고 돌아다니다가 드디어 멧돼지를 발견하고 열심히 돌창과 돌도끼를 휘둘렀어요.

형이 열심히 날카롭게 간 돌창이 다행히 멧돼지 엉덩이에 박혀서 사냥에 성공할 수 있었어요.

싸리는 다시 돼지우리로 가서 살펴봤어요.

한바탕 소동에 잠이 깬 돼지들 사이로 구석에서 자고 있던 쓰리가 보였어요.

그제야 싸리는 형한테 너무나도 미안했어요.

"나는 형이 사냥을 성공했을 거라고는 생각도 못했어. 오해해서 미안해."

싸리가 사과하자 형이 괜찮다며 싸리 등을 툭 쳤어요.

부모님은 그런 싸리가 귀여웠는지 옆에서 계속 싸리를 위로해줬어요.

"괜찮아, 형이 괜찮다고 하니까 이제 밥 먹자."

"그래, 밥 먹고 너 동생이라던 쓰리한테 가서 오늘 있었던 일 이야기해줘."

싸리는 고기를 먹으면서 다시는 형을 오해하지 않겠다고 다짐했어요.

오, 찾았다!

아기 돼지
쓰리는
어디에 있었을까요?

쓰리야...
어딨니?

네 눈길을 따라가니
나도 찾았어!

싸리의 대화방이에요. <보기>에서 적절한 말을 골라 빈칸을 채워주세요. 만약 잘 모르겠다면 앞으로 돌아가서 다시 이야기를 읽어보세요.

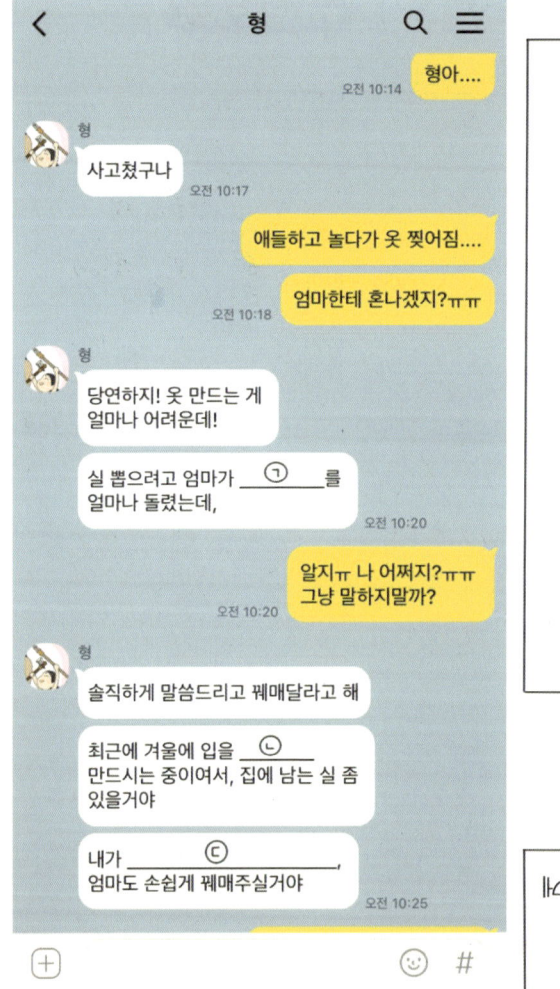

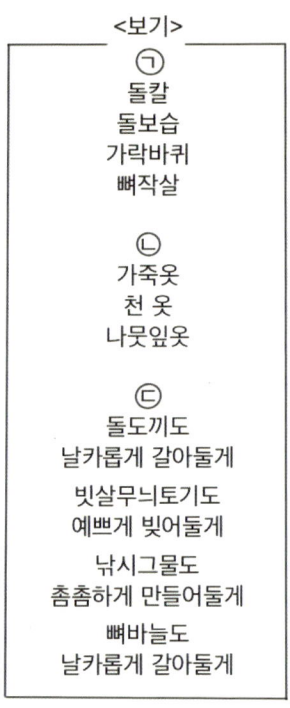

빈칸을 모두 채우면
WP 300 획득!

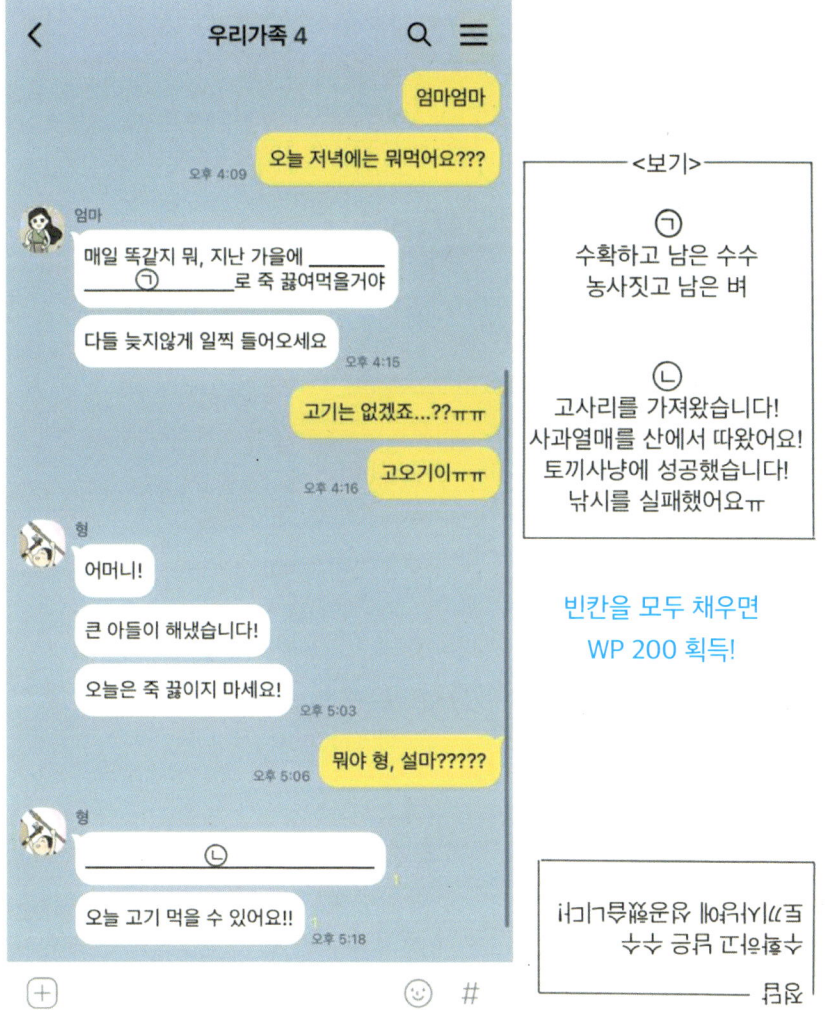

"우리 신석기 사람들은 산에서 동물을 사냥하거나, 바다에서 물고기나 조개를 잡고, 주변에 있는 열매나 채소뿌리를 따서 식량을 마련했어. 물론 동네 어른들이 조금씩 농사도 지었지. 토기를 만들어 식량을 모아둘 수 있었어. 여전히 사냥은 어려운 일이라 가축을 길러 먹기도 했단다."

2. 신석기시대 사람들은 어떤 도구를 사용했을까?

싸리는 아침 일찍 일어나서 아직 자고 있는 아빠를 졸랐어요. 오늘은 아빠에게 사냥도구 만드는 방법을 배우는 날이기 때문이에요. 사냥도구 만드는 방법을 배우고 나면, 싸리도 이제 작은 동물 사냥에 따라다닐 수 있어요. 자리에서 일어난 아빠는 싸리와 함께 마을 뒷산으로 올라갔어요. 뒷산에서 한참을 고르고 골라서 적당히 단단한 돌을 가지고 내려왔어요.

싸리네 가족이 살던 신석기시대에는 돌을 다듬어서 도구를 만들기 시작했어요. 더 날카로웠으면 하는 부분을 다른 돌에 대고 열심히 갈아서 날카롭게 만들었어요. 또 자기가 원하는 모양이 있다면, 원하는 모양대로 갈아서 필요한 도구를 만들었어요. 갈아내서 만들었기 때문에 신석기시대의 도구를 간석기라고 불러요. 간석기 만드는 방법을 알아봐요.

1. 골라온 돌을 원하는 만큼의 크기로 떼어내요.

2. 내가 원하는 모양이 나올 때까지 숫돌에 대고 갈아요. 숫돌은 알갱이가 곱지만 단단한 돌이에요. 숫돌에 대고 돌을 갈면, 마치 사포처럼 날카롭게 갈려요.

3. 만약 내가 만든 석기에 구멍이 필요하다면, 불을 피울 때 쓰는 활비비에 돌송곳을 매단 후 앞뒤로 열심히 비비면 구멍이 뚫려요.

✶ 주의 : 위험하니 반드시 마을 어른과 함께 만드시오.

싸리가 아빠에게 사냥도구 만드는 방법을 배우는 동안, 싸리의 엄마는 마을 사람들과 함께 그릇을 만들었어요.

구석기시대에는 그릇이 없었는데, 왜 갑자기 신석기시대에는 그릇이 생겼을까요?
신석기시대는 구석기시대보다 식량이 좀 더 풍부해졌어요. 바다나 강 속에 물고기도 많아졌고, 사냥하기 쉬운 작은 동물들도 늘어났어요. 그리고 농사도 짓기 시작하면서 신석기시대 사람들은 늘어난 식량을 보관해야 했어요. 그래서 흙으로 그릇을 만들기 시작했어요. 흙으로 만든 그릇을 바로 토기라고 불러요. 토기는 요즘 그릇처럼 단단하지 않아요. 만들기도 어렵고 잘 깨졌기 때문에 신석기시대에는 토기가 귀했어요. 싸리네 마을 사람들이 어떻게 토기를 만들었는지 알아봅시다.

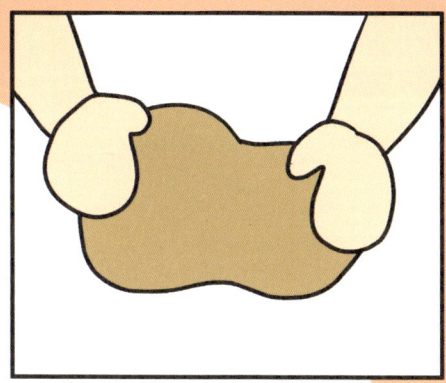

1. 강가에서 가져온 진흙을 반죽해서 기다란 띠 모양으로 만들어요.

2. 진흙 띠를 감아올려서 그릇 모양을 만들어요.

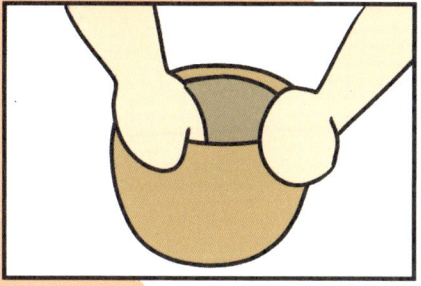

3. 그릇을 다듬어서 모양을 완성하고, 무늬를 새기기도 해요.

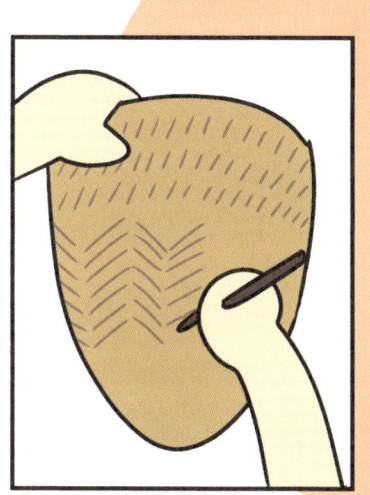

4. 그늘에서 말린 후, 불구덩이에서 구워요.

어제 마을 형들이 뒷산에서 노루 발자국을 발견했어요. 이 기회를 놓칠 수 없는 싸리네 마을 사람들은 노루를 잡기 위해 사냥 갈 준비를 했어요. 노루는 워낙 재빠르기 때문에 근처에 사람이 다가가기만 해도 도망갈 거예요. 싸리네 마을 사람들은 열심히 고민해서 노루를 잡을 수 있는 효과적인 사냥도구를 골라야 해요.

마을에서 가장 사냥을 잘하는 수염아저씨와 다른 아저씨들은 돌창을 챙겼어요. 돌창은 가장 강력한 사냥도구지만 워낙 무거워서 힘이 센 사람만이 돌창으로 사냥을 할 수 있어요. 돌창을 제외한 나머지 사냥도구 중에서, 과연 싸리는 어떤 사냥도구를 챙기면 좋을까요?

여러분이 가진 WP를 잘 활용하세요! 이제부터 총 세 번의 선택 기회가 여러분에게 주어집니다. WP가 모자라지 않도록 신중하게 선택하세요!

돌창

WP 400
공격력 +20
공격범위 +10
공격속도 -5

날카롭게 간 돌촉에 나무막대를 매달아 만든 창으로 멀리 있는 짐승을 사냥할 때 자주 사용했습니다. 공격력은 강하지만 무거워서 공격속도가 감소합니다.

돌도끼

WP 300
공격력 +5
공격범위 +1
공격속도 +3

근거리에 있는 짐승을 사냥할 수 있는 강력한 무기입니다 사냥뿐만 아니라 농사에도 사용할 수 있어서 유용합니다. 하지만 먼 거리에 있는 사냥감에게는 큰 영향을 주지 못합니다.

나무 활과 돌화살

WP 500
공격력 +20
공격범위 +20
20% 확률로 치명타 발생

날카롭게 간 돌화살촉으로 만든 화살입니다. 멀리 있는 사냥감에 치명타를 입힐 수 있습니다 하지만 제작하기가 워낙 어렵고 명중률을 높이기 위한 훈련이 필요합니다.

노루..!
널 꼭 잡고 말테다.

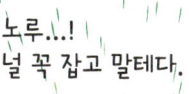

오늘은 수수밭을 새로 만드는 날이에요. 수수농사가 잘 되면 가을은 물론이고, 추운 겨울에도 굶지 않고 맛있는 수수죽을 먹을 수 있어요. 하지만 수수농사는 일손이 아주 많이 필요한 어려운 일이에요. 그래서 싸리네 마을 사람들은 남녀노소 가리지 않고 일손을 돕기 위해 모두 밭으로 모여야 해요.

여러분이 가진 WP를 잘 활용하세요! 사냥도구에서 너무 많은 WP를 사용해서 WP가 더 필요하다면, 생활모습으로 돌아가 복습을 한 후 퀴즈에 다시 한 번 도전해서 필요한 WP를 획득하세요!

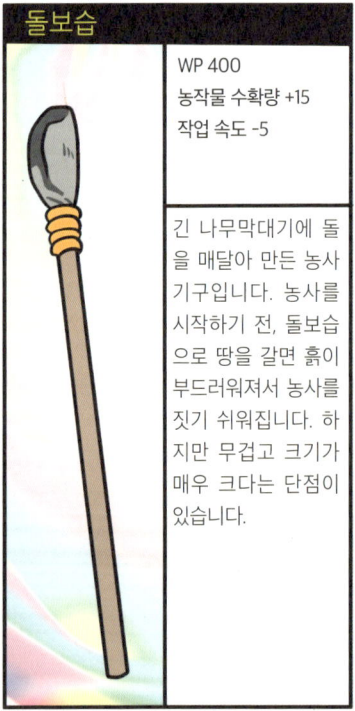

돌보습

WP 400
농작물 수확량 +15
작업 속도 -5

긴 나무막대기에 돌을 매달아 만든 농사기구입니다. 농사를 시작하기 전, 돌보습으로 땅을 갈면 흙이 부드러워져서 농사를 짓기 쉬워집니다. 하지만 무겁고 크기가 매우 크다는 단점이 있습니다.

돌도끼

WP 300
농작물 수확량 +5
50% 확률로 나무뿌리 제거

사냥도구이면서 농사에도 사용가능한 유용한 도구입니다. 농사에 방해가 되는 나무뿌리를 제거해 농작물이 잘 자랄 수 있도록 해줍니다.

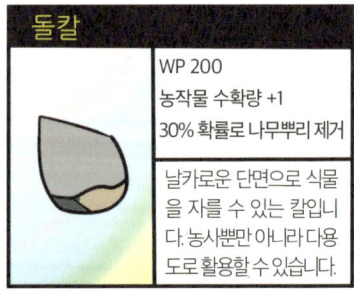

돌칼

WP 200
농작물 수확량 +1
30% 확률로 나무뿌리 제거

날카로운 단면으로 식물을 자를 수 있는 칼입니다. 농사뿐만 아니라 다용도로 활용할 수 있습니다.

싸리의 아빠와 형은 돌보습을 챙겼어요. 돌보습으로 땅을 갈면 흙이 부드러워져 농사를 짓기 쉬워요. 엄마는 돌도끼를 챙겼어요. 돌도끼는 밭 주변에 있는 나무뿌리를 자를 때 사용해요. 과연 싸리가 어떤 도구를 챙겨가야 수수농사에 도움이 될까요?

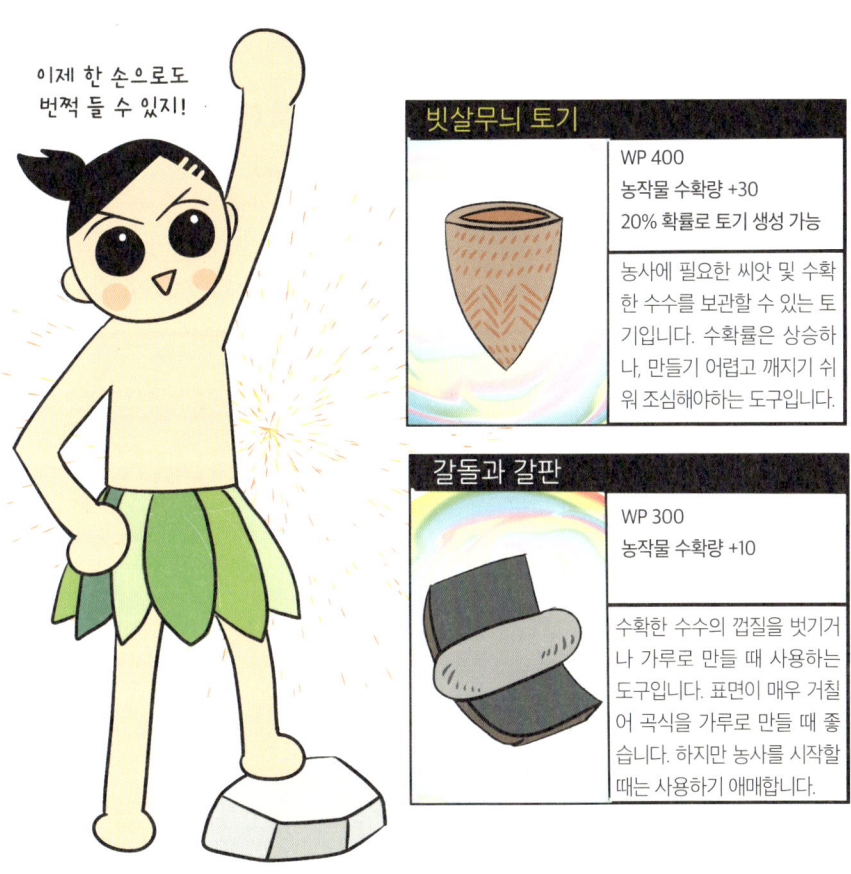

이제 한 손으로도 번쩍 들 수 있지!

빗살무늬 토기

WP 400
농작물 수확량 +30
20% 확률로 토기 생성 가능

농사에 필요한 씨앗 및 수확한 수수를 보관할 수 있는 토기입니다. 수확률은 상승하나, 만들기 어렵고 깨지기 쉬워 조심해야하는 도구입니다.

갈돌과 갈판

WP 300
농작물 수확량 +10

수확한 수수의 껍질을 벗기거나 가루로 만들 때 사용하는 도구입니다. 표면이 매우 거칠어 곡식을 가루로 만들 때 좋습니다. 하지만 농사를 시작할 때는 사용하기 애매합니다.

싸리네 마을은 바닷가 근처에 있어요. 왜냐하면 물고기가 싸리네 마을 사람들의 가장 중요한 식량이기 때문이에요. 낚시는 사냥처럼 위험하지도 않고 농사처럼 실패하는 일도 적어요. 그래서 아이들도 어렸을 때부터 물고기 잡는 법을 배운답니다.

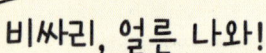

비싸리, 얼른 나와!

통발

WP 300
물고기 어획량 +10
30% 확률로 낚시 성공

고깔 모양의 그물로, 물속에 설치해두면 물고기들이 들어왔다가 나가지 못해서 큰 힘을 들이지 않고 물고기를 잡을 수 있습니다. 하지만 큰 물고기를 잡을 수는 없습니다.

낚싯대와 낚시 바늘

WP 300
물고기 어획량 +1
10% 확률로 낚시 성공

동물 뼈로 만든 날카로운 낚싯바늘을 낚싯대에 매달아 사용합니다. 큰 힘을 들이지 않고 물고기를 잡을 수 있으나, 성공확률이 매우 낮습니다.

뼈작살

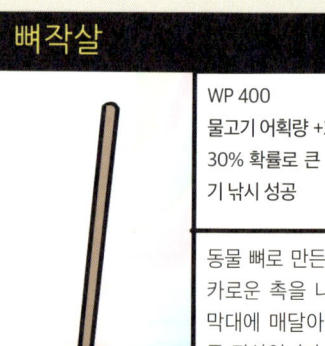

WP 400
물고기 어획량 +20
30% 확률로 큰 물고기 낚시 성공

동물 뼈로 만든 날카로운 촉을 나무 막대에 매달아 만든 작살입니다. 공격력이 강해서 큰 물고기도 사냥 가능합니다. 하지만 제작하기가 어렵고, 명중률을 높이기 위한 훈련이 필요합니다.

그물과 돌그물추

WP 500
물고기 어획량 +30
조건: 3명 이상일 때 사용가능

그물 아래에 돌을 여러 개 매달아 고정시킨 뒤, 물고기를 몰아오면 그물로 물고기를 잡을 수 있습니다. 한 번에 많은 물고기를 잡을 수 있으나, 혼자서는 사용할 수 없습니다.

다 골랐어, 금방 갈게!

싸리는 오늘 친구들과 함께 물고기 잡는 법을 배우기로 했어요. 싸리는 어떤 낚시 도구를 가져가면 좋을지 같이 고민해봅시다.

여러분이 가진 WP를 잘 활용하세요! 사냥도구와 농사도구에서 너무 많은 WP를 사용해서 WP가 더 필요하다면, 생활모습으로 돌아가 복습을 한 후, 퀴즈에 다시 한 번 도전해서 필요한 WP를 획득하세요!

3. 신석기시대 사람들이 그린 벽화를 알아봅시다

큰 물고기를 잡으러 바다에 나갔던 어른들이 헐레벌떡 마을로 돌아왔어요. 바다 저 멀리에서 고래를 봤기 때문이에요! 어른들은 까먹기 전에 마을 벽화의 빈자리에 오늘 봤던 고래를 새기기 시작했어요. 오늘은 고래의 생김새만 그리지만, 다음에는 고래 사냥에 성공해서 사냥 방법까지 같이 그릴 거예요.

싸리와 친구들도 어른들 옆에 서서 같이 그림을 그렸어요. 싸리는 나중에 고래 사냥에 성공하기를 바라는 마음을 담아 작은 아기고래를 그렸어요. 친구들을 자기가 잡고 싶은 동물을 그리고 있어요..

실제 신석기시대에 새겨진 벽화에요. 고래, 거북이, 사슴, 호랑이 같은 동물들이 그려져 있어요. 동물의 모습은 물론이고, 그 동물을 어떻게 사냥했는지 사냥 방법도 같이 그려져 있어요. 그래서 신석기시대 사람들은 벽화를 보면서 동물을 어떻게 사냥하는지 공부하곤 했어요.

물론 싸리와 친구들처럼 배가 고픈 사람들이 사냥에 성공하기를 바라면서 그린 그림도 있어요.

만약 여러분이 신석기시대의 사람들이라면, 어떤 동물을 사냥하고 싶은지 벽화의 빈 부분에 그려 봅시다.

신석기 벽화 그리기_내가 신석기시대 사람이라면…

4. 신석기시대 사람들은 어떤 종교를 가지고 있었을까?

오늘날 우리가 다양한 종교를 가지고 있는 것처럼, 신석기시대의 사람들도 종교를 가지고 있었어요. 태양, 땅, 바다처럼 자연을 믿는 사람들도 있었고, 호랑이, 곰, 사슴처럼 동물을 믿는 종교도 있었어요. 신석기시대 사람들은 흙으로 동물인형을 만들거나 장신구를 착용하고 제사를 지내면서, 사냥이 성공하기를 그리고 마을이 평화롭기를 기도했어요. 싸리네 마을은 어떤 종교를 믿었을지 다음 장으로 넘겨보세요.

"같이 좀 사용합시다!"

"안 된다니까요!"

싸리네 족장님과 해 씨족 족장님이 마주 앉아서 서로 언성을 높이고 있었어요.

마을 사람들은 두 사람의 대화에 이러지도 저러지도 못한 채 주위에서 서 있어요.

이게 무슨 일이냐면요,

오늘 바다에 낚시하러 갔던 형들이 바닷가에서 낚시를 하던 낯선 사람들을 잡아왔어요.

자기들은 해 씨족 사람들이라고 밝힌 아저씨들은, 자기들이 사는 곳 근처에서 물고기가 잡히지 않아 우리 마을 앞까지 오게 되었다고 했어요.

우리 마을 족장님께서 이 바다는 우리 곰 씨족 바다이니 다시는 오지 말라고, 잡은 물고기들은 다 놓고 돌아가라고 말하셨어요.

우리 곰 씨족의 족장님은 마을 사람 중에서 가장 똑똑한 사람이에요. 나이도 많고 사냥 경험도 많아서 모르는 게 없어요. 마을에서 일이 생기면 족장님이 해결해주곤 했어요. 물론 중요한 일은 족장님 혼자 결정하는 게 아니라 마을 사람들이 모두 모여 함께 의논하고 결정해요. 신석기 시대는 모두 함께 일하고 함께 먹고 함께 하는 공평한 사회였어요.

하지만 해 씨족 아저씨들은 이 물고기가 없으면 해 씨족 사람들은 굶는다면서 물고기들을 가져가게 해달라고 계속해서 족장님에게 졸랐어요.

약속하면 먹을 걸 주마!

물도 있다!

맛있겠다...!

역시 인자하신 우리 족장님! 최고

가뜩이나 우리 마을의 바다에서 몰래 물고기를 잡은 것도 화나는데, 잡은 물고기까지 가져가게 해달라고 조르자 족장님은 화가 많이 났어요.

그래서 아저씨들 중 한 명에게 당장 너희 마을로 돌아가서 해 씨족 족장을 데려오라고 했어요.

"해 씨족 족장이 직접 와서 나랑 이야기하고, 그 후에 다른 사람들을 데려가라고 해!"

그래서 지금 우리 족장님과 해 씨족 족장님이 저렇게 이야기를 하고 있는 중이에요.

"저 바다가 어디서부터 시작되는지 아십니까? 우리 마을에 있는 곰천에서 시작되는 바다입니다! 곰천! 예로부터 곰이 물을 마시고 휴식을 취하던 맑은 물이 있는 곰천! 이 신성한 곰천에서부터 시작되는 바다입니다. 우리 곰 씨족의 바다예요!"

우리 마을은 곰을 숭배하는 마을이에요. 아주 예전에 이 마을은 곰들의 터전이었고, 그 곰들이 아직도 우리 마을을 지켜준다고 믿어요. 그래서 날씨가 나빠지거나 농사가 망하는 것처럼 힘든 일이 생기면, 우리는 곰 모양의 조각을 만들어서 기도를 하곤 했어요.

우리 마을 말고도, 사슴 씨족, 호랑이 씨족 등등 동물을 숭배하는 마을이 여럿 있었어요.

"아니 그래도, 당장 사람이 굶어죽는다니까요! 그리고 저희가 기도를 한참 드리니, 우리 태양신이 이쪽 바다를 환하게 비추셨습니다! 이곳에서 낚시를 해도 된다는 태양신의 뜻입니다! 우리도 여기서 낚시를 하게 해주세요!"

해 씨족은 태양신을 모시는 마을이에요. 태양이 환하게 비추어야 춥지도 않고 농사도 잘 되기 때문에, 옛날에는 태양을 숭배하는 마을이 많았어요. 해 씨족 사람들은 천둥번개가 강하게 치거나 비가 너무 많이 오면 태양에게 날씨가 좋아지게 해달라고 빌었어요. 또 사냥을 실패하거나 낚시를 하지 못하면 태양신이 화가 나서 벌을 내린다고 생각하고, 태양에게 열심히 기도했어요.

두 족장님들이 손을 휘두르면서 서로 강하게 이야기했어요. 손을 움직일 때마다 족장님들 손목에 걸려있는 조개팔찌와 목에 걸린 가리비목걸이가 짤랑거렸어요. 조개팔찌와 가리비목걸이는 소원을 이루어주는 아주 소중한 물건이에요. 어른들이 중요한 일이 있을 때에만 하는 장신구인데, 두 족장님 모두 조개팔찌와 가리비목걸이를 하고 오셨어요. 그만큼 모두에게 바다는 소중해요.

대화가 끝이 나지 않자, 해 씨족 족장님이 잠시 시간을 달라고 했어요. 그리고는 함께 온 해 씨족 어른들과 소곤소곤 회의를 했어요. 해 씨족 사람들도 우리 마을처럼 중요한 일은 모두 함께 결정하는 것 같아요.

"저희 마을은 태양신이 햇빛을 충분히 내려주신 덕분에 식물이 아주 잘 자랍니다. 그래서 옷감도 아주 튼튼하지요. 저희가 옷감을 가져왔습니다. 이 옷감을 받으시고 이번 계절만, 딱 이번 계절만 같이 낚시를 하게 해주세요. 저희는 진짜 당장 먹을 식량도 부족합니다. 부탁합니다."

해 씨족 족장님 뒤에 있던 아저씨가 들고 온 옷감을 내밀었어요.

우리 곰 씨족 족장님도 잠시만 시간을 달라고 하고 뒤에 있는 마을 어른들과 함께 회의를 했어요.

"우리는 아직 식량이 그렇게 모자라지는 않아요."

"그래도 식량이라는 게 언제 부족할지 모르는데, 걱정됩니다."

"저렇게 부탁하는데, 에휴."

"당장 먹을 음식이 없다잖아요."

우리 족장님이 결심한 듯 다시 해 씨족 족장님 앞에 앉았어요. 그리고는 손을 내밀면서 말했어요.

"딱 이번 계절만입니다. 그리고 오늘 잡은 물고기들도 가져가시지요. 대신 나중에 저희가 어려워졌을 때 부탁하면 모른 체하시면 안 됩니다."

해 씨족 족장님과 어른들이 환하게 웃었어요. 해 씨족 족장님도 우리 족장님이 내민 손을 잡고 고맙다고 몇 번이나 인사했어요.

타고 온 배에 오늘 해 씨족 아저씨들이 잡았던 물고기를 싣고, 해 씨족 사람들은 모두 돌아갔어요.

큰 싸움이 나지 않고 평화롭게 해결되어 정말 다행이에요.

곰 씨족 마을 제단상을 꾸며 봅시다.

싸리의 SNS에 새 글이 올라왔어요. 오늘 싸리네 마을에서 있었던 일을 잘 떠올려 보세요. <보기>에서 적절한 말을 골라 빈칸을 채워봅시다.

ssarissari-masuri

좋아요 57개

ssarissari-masuri

#_____ #_____ #_____
     #_____   #_____

댓글 14개 모두 보기

2시간 전

<보기>
#곰님,소원좀들어주세요 #짤랑짤랑조개팔찌 #호랑이족최고 #바다를잃은날
   #곰과태양의만남 #물고기다농고가 #해씨족웃감별로 #바다를지켰다
         #목에는홍합목걸이 #족장님멋쟁이

청동기시대로 떠나는
이야기 여행

조이와 함께 **청동기시대**로 여행을 떠나요

여러분이 이제부터 공부하게 될 청동기시대는 말 그대로 청동기를 사용했던 시기를 말합니다. 청동기란 구리라는 금속에 주석이나 아연(구리에 색을 내고 구리를 단단하게 하는 금속)을 넣어 만든 금속으로 만든 도구입니다. 지난 시간까지 배운 돌로 만든 뗀석기, 간석기와는 차원이 다른 도구가 출현한 것입니다.

여러분이 청동기시대에서 만나게 될 대표적인 문화유산을 미리 확인해볼까요?

반달돌칼

바퀴날도끼

톱니날도끼

움집

탁자식 고인돌

민무늬토기(송국리식토기)

비파형동검

세형동검(한국식 동검)

청동거울(잔무늬거울)

간두령

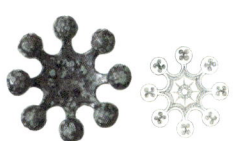
팔주령

청동투구

1. 청동기시대 사람들은 어떻게 살았을까?

오늘 이야기의 주인공인 조이가 살고 있는 마을은 앞엔 조그마한 강이 있고 뒤엔 산이 있는 약간 높은 언덕 지역에 위치해 있어요.

청동기시대 대부분의 마을이 그렇듯 조이네 마을은 앞에 강이 있어 농사를 짓기에 유리해요. 농사를 지을 수 있는 **밭**은 마을 밖에 위치해 있어요. 마을 뒤쪽엔 산이 있어 차가운 겨울바람을 막아주고 땔감도 구하며 사냥이나 열매 채집을 통해 식량을 구할 수 있어 많은 사람들이 살기에 아주 유리한 조건을 가진 곳이에요.

그래서 조이네 부족은 이곳에서 정착생활(한 곳에서 계속 사는 생활모습)을 하고 있습니다. 또한, 마을 주변에 나무로 만든 담을 쌓고 담 주위로 도랑을 파서 다른 부족의 침입을 대비하고 있지요. 다른 부족의 침입에 대비하기 위해 마을 문 옆에 **망루**를 세워 항상 적이 쳐들어오지 않는지 감시도 한답니다.

마을 안으로 들어가 보면 조이네 마을은 직사각형 형태의 움집에서 많은 사람들이 살고 있어 규모가 제법 크네요. 그리고 마을 중앙에는 마을 광장이 위치해 있어요. 마을 중앙 광장에는 마을 사람들이 함께 이용하는 계단으로 올라갈 수 있는 **회의하는 집**이 있어요.

마을 입구 왼쪽에는 돼지와 개를 기르는 **공동 축사**가 있어요. 돼지와 개는 마을 사람들이 함께 기르는 가축이에요. 축사의 뒤편에는 마을 사람들이 같이 사용하는 계단으로 올라가는 **공동창고**가 있어요. 공동창고에는 마을 사람들이 공동으로 사용하는 토기나 농기구, 무기 등이 보관되어 있는데 옆에 곡식을 저장하는 지하창고도 같이 있답니다. 아주 중요한 곳이지요.

동쪽 끝에는 제사를 지내는 **제단**이 있어요. 마을을 다스리시는 군장님이 하늘에 제사를 지내는 곳이에요. 제단 뒤에는 **마을을 지키는 큰 나무 한 그루**가 우뚝 솟아있어요. 보기만 해도 마을을 지켜주는 든든한 느낌이에요.

수호 나무 앞에는 **나무를 깎아 만든 새** 여러 마리를 장대에 꽂아서 세워두었어요. 이 새들은 하늘과 사람을 연결해주는 역할이에요.

아, 그리고 제단 옆에는 울타리 밖으로 **고인돌**들이 보여요. 저 고인돌은 역대 군장(부족 사회의 우두머리를 일컫는 말)님들의 무덤이에요.

마을 곳곳에는 부족의 생활에 필요한 물품을 만들기 위해 부족 사람들이 열심히 일을 하고 있어요.

그리고 오늘은 조이가 아주 특별한 경험을 하는 날이에요. 과연 어떤 날일지 이야기 속으로 떠나볼까요?

미션1. 여러분이 읽은 청동기시대 조이네 마을의 여러 장소들 중 진하게 표시된 장소의 그림을 스티커로 붙여 마을을 만들어 보세요!
(1개당 WP 100 획득)

미션2. 앞으로 조이는 특별한 경험을 하게 됩니다. 책을 읽으면서 조이가 경험을 하는 마을의 장소를 스티커로 붙여 마을을 완성해 보세요.
(1개당 WP 100 획득)

조이에게 고민이 생겼어요!

마을 곳곳에는 **부족**의 생활에 필요한 물품을 만드는 곳에서 부족 사람들이 열심히 일을 하고 있고 밭에는 열심히 땀을 흘리며 농사를 짓고 있었어요. 마을 사람들이 일을 하는 모습을 보며 오늘의 주인공 조이가 고민을 하고 있네요.

청동기시대 조이네 부족은 대부분 농사를 짓거나 물건을 만드는 등, 부족을 위해 자신이 할 일을 정하곤 했어요. 직업의 종류가 다양했기 때문에 조이처럼 어린아이들에게는 다양한 직업을 체험해볼 수 있도록 했어요. 오늘이 바로 조이가 직업체험을 하는 날이에요. 그리고 일주일 뒤 조이는 부족을 위해 할 일을 정해야 한답니다.

조이의 농사 체험

조이는 가장 먼저 아버지가 하고 계신 농사를 체험해보기로 했어요. 나무 담 밖에 있는 밭으로 가니 아버지를 포함한 많은 사람들이 따비와 돌괭이를 이용해 밭을 갈고 있었어요.

"아버지, 저 농사짓기 체험을 하고 싶어요."

"어 그래? 그럼 거기 있는 돌괭이를 잡고 밭의 흙을 뒤집어 놓거라!"

"헉~헉~ 너무 힘들어요. 아버지, 이렇게 힘들게 농사를 하는 이유가 뭐예요?"

"짜식, 그거 조금 했다고 엄살은~ 넌 이제 십 분 했지만 다들 한 시간째 밭을 갈고 있단다."

마침 저 멀리서 아이들이 밥을 가져오고 있어서, 아버지는 좀 쉬면서 조이에게 농사의 소중함을 얘기해 주려고 마음을 먹었습니다.

"음, 조이야. 힘든 농사를 왜 하는 걸까?"

"배부르게 먹기 위해서요?"

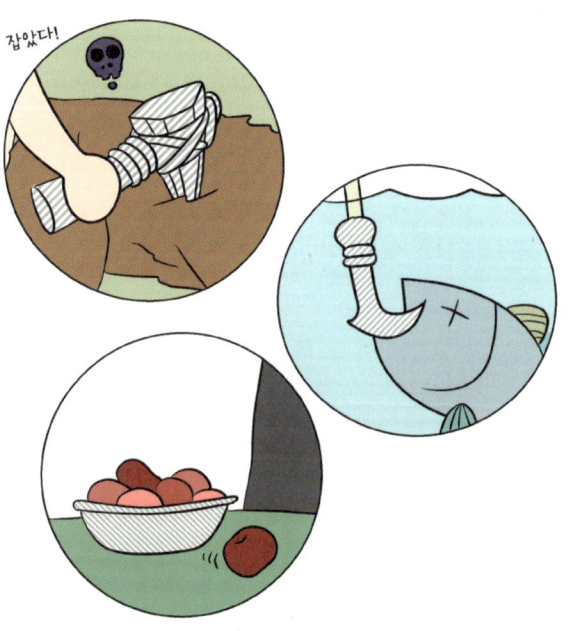

"맞아. 전통적으로 식량을 얻는 방법인 사냥이나 낚시는 성공하지 못하는 날이 많았지. 또 겨울처럼 날이 추워지면 산에서 열매를 구하기도 힘들어서 굶는 날이 많았어. 그런데 농사를 짓기 시작하면서부터 농사를 짓기 시작한 후에는 굶어죽는 사람들은 훨씬 줄어들었어. 일 년 동안 꾸준히 노력하면 항상 곡식을 얻을 수 있기 때문이야."

"힘들게 일하는 이유가 있네요!"

"그럼, 열심히 일해서 많은 곡식을 수확하는 사람은 부자가 될 수도 있단다."

"음 부자라~, 듣기 좋은 말이에요!"

"그럼, 앞으로 두 시간만 더 밭을 갈아볼까?"

"네? 두 시간이나요?"

두 시간 후.

"아버지, 저 힘들어서 죽을 것 같아요. 두 시간째 땅만 파고 있는데 이게 농사에 도움이 돼요? 일부러 고생시키시는 거 아니에요?"

"짜식이 속고만 살았나. 자 잘 들어봐! 농사를 짓기 위해서는 땅이 가장 중요해. 우선 네가 가지고 있는 돌괭이나 돌도끼, 따비처럼 땅을 파는 도구를 이용해서 땅에 물길을 만들어. 이 물길을 고랑이라고 하는데, 고랑

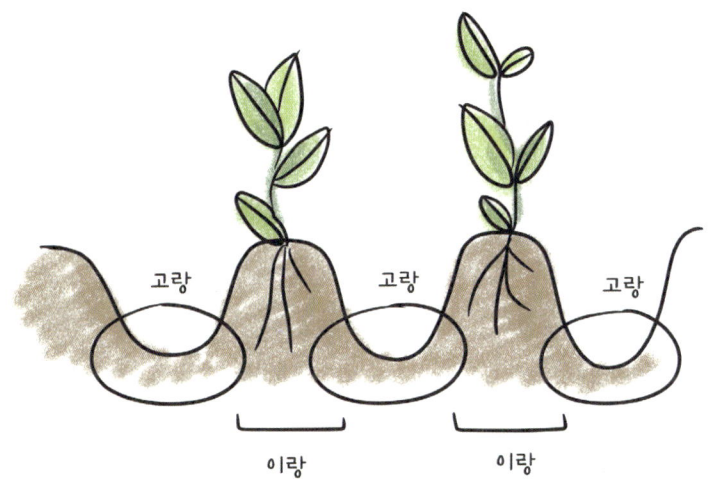

이 있어야 물이 잘 빠져나가서 뿌리가 썩지 않아 작물이 무럭무럭 잘 자라게 되는 거지. 고랑을 만들었으면 씨앗을 심을 이랑을 만들어요. 씨앗을 심고 나서는 이제 인내의 시간이에요. 싹이 나고 잘 자랄 수 있도록, 물도 주고 잡초도 뽑으면서 꾸준히 살펴봐야 해. 알겠니?

"아 그렇군요. 이해했어요."

"그래? 자 그럼 두 시간 더~."

"헉~."

두 시간 후.

"헉~헉~ 아버지 나중에 밭에서 곡식이 자라면 제 몫도 꼭 주셔야 해요.

오늘 여기서 흘린 땀이 열 바가지는 돼요."

"ㅋㅋ 녀석. 가을에 조이 네가 직접 돌을 날카롭게 갈아서 만든 반달돌칼이나 돌낫으로 수확을 하거라. 수확하는 모든 곡식은 너를 주마! 구석기, 신석기에는 조와 수수 정도만 농사를 지을 수 있었고, 벼농사는 하지 못했는데 지금은 벼농사를 같이 하게 되어서 우리가 맛있는 곡식을 먹을 수 있게 되었단다."

"와우, 약속하셨어요. 아싸라비야~."

'짜식 단순하긴~ 넌 가을에도 일하는 거야! ㅋㅋ.'

조이는 아버지의 계략은 알지 못했지만 농사의 소중함은 알게 된 것 같습니다.

'농사는 우리 부족 사람들이 굶어 죽지 않고 살아갈 수 있게 해주는 일이구나, 함부로 포기할 수 없는 중요한 일이었어.'

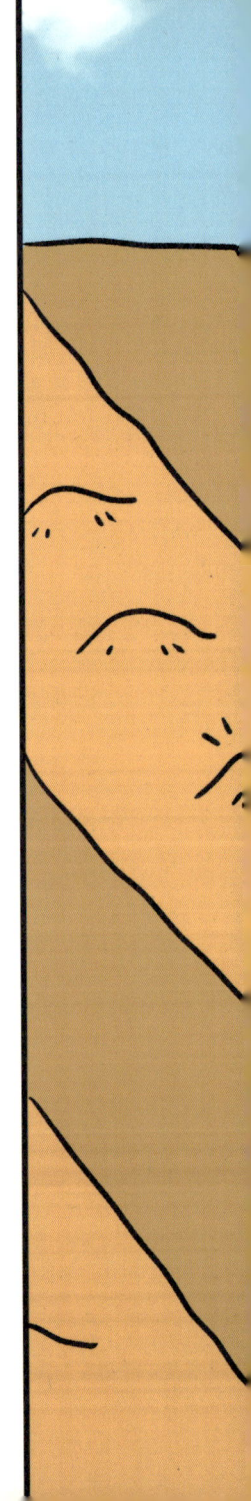

조이의 음식 만들기 체험

조이가 콧구멍이 벌렁벌렁거려요. 어디선가 맛있는 음식 냄새가 나거든요. 조이는 우물 옆에 있는 마을 주방으로 발걸음을 옮겼어요. 마을 주방에서는 밥퍼 아주머니가 바쁘게 음식을 만들고 있습니다.

"안녕하세요! 오랜만이에요 아주머니!"

"아니 이게 누구야! 먹보 조이 아니냐~ 벌써 음식 만드는 방법을 배울 나이가 된 거니?"

"네 아주머니, 너무 맛있는 음식 냄새에 이끌려 저도 모르게 여기까지 왔어요. 고기 굽는 냄새인 것 같은데, 맞아요?"

"짜식 개코인데. 맞아! 오늘 밤에 있을 마을축제에 쓸 통돼지 바비큐를 굽고 있단다. 너도 어서 고기 굽는 일을 돕거라."

"와~ 정말요. 제가 좋아하는 일이에요. 아주머니 마을에서 기르고 있는 가축은 귀해서 쉽게 먹을 수 없다고 들었는데 이번에 먹을 수 있는 건가요?"

"그럼 가축은 귀하기 때문에 함부로 식량으로 사용할 수는 없단다. 그렇지만 이렇게 마을에서 축제를 할 때엔 한 번씩 먹을 수 있지."

"아싸라비야~ 신난다. 아주머니 그 옆 **민무늬토기**에 끓이는 것은?"

"갈판에 깐 곡식과 여러 가지 채소를 넣고 끓이는 음식이란다. 일명 짬뽕이지. 저녁에 있을 축제에 같이 먹을 음식이야."

"와~ 저녁의 마을축제가 너무 기대돼요~."

조이는 밥퍼 아줌마 덕에 음식의 소중함을 알게 된 것 같습니다.

'맛있는 음식으로 다른 사람들을 행복하게 해줄 수 있구나, 정말 의미 있는 일이야.'

활활 타라, 활활 타.

아이고! 소금 꺼내오다가 국 다 타겠네!

조이의 토기 만들기 체험

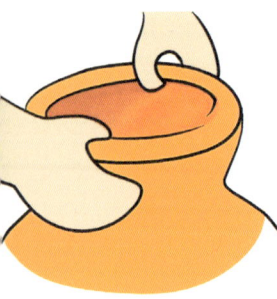

음식을 만들 때 쓰는 민무늬토기가 궁금했던 조이는 마을 광장 회의실 옆에 있는 동그란 건물로 달려갔어요. 연기가 나고 있는 그곳은 바로 토기를 만드는 곳이에요. 토기대장 령토 아저씨가 여러 사람들과 함께 토기를 만들고 계셨어요.

"안녕하세요. 령토 아저씨. 이게 말로만 듣던 민무늬토기들인가요?"

"조이야, 이 토기들은 우리 마을만의 자랑이란다. 아무나 만들 수 없는 것들이야."

"와 정말 멋있는 그릇들이에요~. 여기에 음식을 담아 먹으면 무척 맛있을 것 같아요."

"녀석, 이 그릇들은 음식을 만들 때 사용하기도 하고 여러 가지 물건이나 음식을 저장하기 위해서 사용하기도 하지. 하여간 이 물건들은 내가 100년 품질을 보장한다."

"아저씨, 저도 토기 만드는

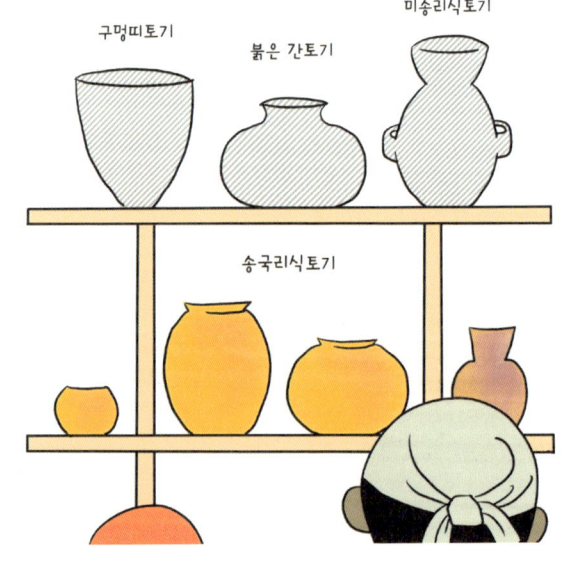

(조이의 영혼)

체험을 하고 싶어요. 어떤 흙을 사용해야 하지요?"

"토기는 진흙이랑 굵은 모래를 섞어서 만드는데, 너도 토기 만드는 체험을 하러 온 것이니 여기 이 흙 반죽으로 토기를 만들어 보거라."

"와, 신난다. 그런데요, 아저씨, 아주 예전에는 빗살무늬토기가 있었잖아요. 그런데 왜 지금은 무늬가 없는 민무늬토기를 만들어요? 빗살무늬가 훨씬 멋있는 것 같던데~."

"와우, 아주 수준 높은 질문인데. 자, 잘 들어 보거라. 신석기시대에는 토기가 너무나도 귀했어. 지금처럼 가마에 굽는 것이 아니라 불구덩이에 토기를 구웠기 때문에, 열이 골고루 전달되지 않아 토기가 단단하지 못해서 잘 깨졌기 때문이지. 토기를 만드는 것 자체가 어려워서, 부서진 토기를 다시 이어 붙여서 쓸 정도였거든."

"하지만 청동기시대에는 **가마**를 이용해서 토기를 한 번에 많이 생산할

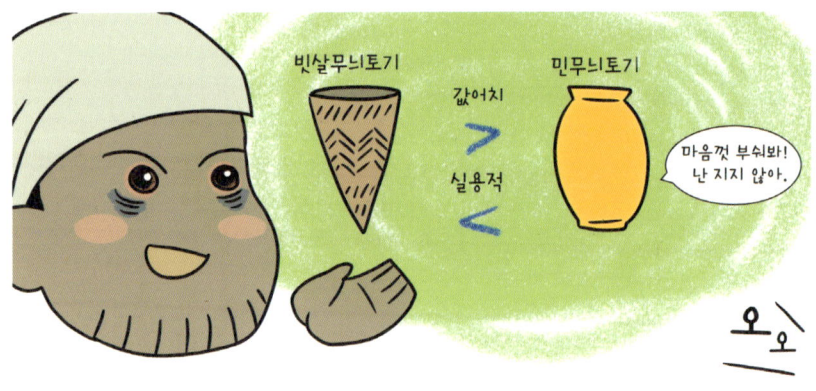

수 있어요. 단단한 토기가 많이 생기자, 사람들은 민무늬토기를 일상 속에서 자주 사용하기 시작했어요. 신석기시대에는 빗살무늬토기가 너무나도 귀해서 무늬를 새기면서까지 소중히 다뤘다면, 민무늬토기는 청동기시대에 없어서는 안 될 생활용품이 된 거지. 쉽게 구할 수 있고 자주 쓰이기 때문에 굳이 무늬를 새길 필요가 없어졌어. 더 이상 토기는 귀한 물건이 아니거든."

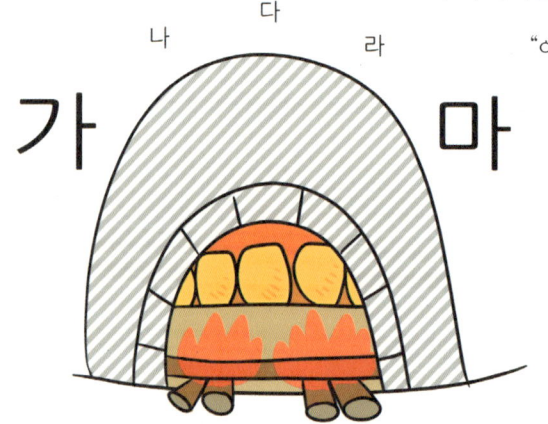

"아하, 겉모습으로만 판단하면 안 되겠네요! 우리가 지금 쓰는 민무늬토기가 더 좋은 성능을 가지고 있네요!"

"그래그래, 우리 마을 공동창고의 음식들도 다 토

기에 담아서 보관하는 만큼 굉장히 단단하지."

령토 아저씨가 뿌듯해했어요.

"아무리 곡식이 많아도 토기가 단단하지 못하면 소용이 없네. 토기 만드는 일이 굉장히 중요하네요! 제가 만든 토기는 어떤가요?"

조이는 아까부터 열심히 만들던 토기를 내밀었어요.

령토 아저씨는 웃으며 대답했어요.

"어서 돌쇠 아저씨한테 가보렴, 이 일은 아닌 것 같구나."

조이의 도구 만들기 체험

돌쇠 아저씨는 돌도 여러 가지 도구를 만드는 곳의 우두머리예요. 도구를 만드는 공방은 축사의 앞 편에 있고 울타리와 붙어 있는 건물이에요. 아저씨들은 돌을 정교하게 갈아서 만드는 도구, 즉 간석기를 만들고 있어요. **돌도끼**, **돌칼**, **돌낫**, **반달돌칼** 등 아주 많은 도구를 만들고 있네요.

"돌쇠 아저씨! 오늘이 무슨 날이게요?"

"오늘? 아, 벌써 직업 체험해보는 날이야? 시간 참 빠르네."

"그런데요, 돌쇠 아저씨, 왜 아직도 간석기를 사용해요? 그건 아주 예전인 신석기시대에 쓰던 물건인데?"

"조이야, 우리가 청동기시대에 살긴 하지만, 청동기만 사용하지는 않아

...내 목소리 잘 들리니?

요. 간석기와 청동기를 함께 사용하지요. 농사 도구나 전쟁 무기처럼 대부분의 도구는 간석기를 사용해요. 또 나무를 이용해서 만든 도구도 여전히 사용하고 있지. 그렇지만 신석기시대보다 도구를 만드는 기술이 좋아져서 훨씬 정교하고 날카로운 도구를 만들 수 있단다."

"저도 가을에 사용할 반달돌칼을 한 번 만들어 보고 싶어요."

"그래? 그럼 저기 벽에 걸려 있는 간석기 만드는 순서를 잘 보고 만들어 보거라! 이 돌을 저기 있는 숫돌(간석기의 날을 날카롭게 만드는 데 사용하는 도구)에 갈아서 칼처럼 만든 다음 가운데 구멍을 내서 손잡이를 만들면 된단다."

한 시간 후.

"아저씨 제가 만든 반달돌칼 어때요?"
"어서 청동기 공방으로 가보렴, 이 일은 아닌 것 같구나."

조이의 청동기 만들기 체험

청동기 공방은 **청동기**를 만드는 곳이에요. 청동기 공방은 마을 입구 오른쪽 첫 번째 건물에 있어요. 쇠돌이 아저씨가 시뻘건 물을 이상하게 생긴 물건에 붓고 계셨어요. 조이는 그 물이 너무 무서워서 가까이 가기가 무서웠어요.

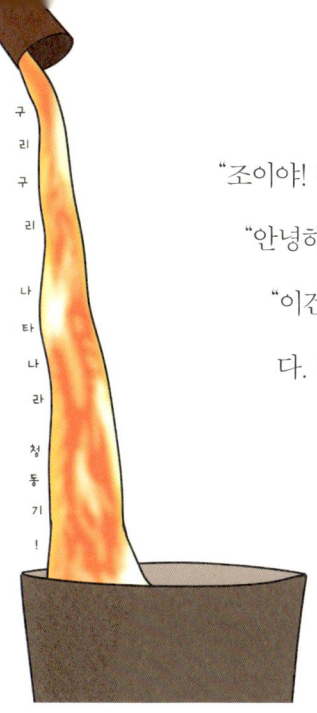
구리구리 나타나라 청동기!

"조이야! 어쩐 일이야?"

"안녕하세요, 아저씨. 그 물은 뭐예요? 너무 무서워요."

"이건 구리라는 금속을 녹인 물이야. 다 했으니 괜찮다. 이리 오렴."

"아저씨, 이것으로 청동기를 만드는 거예요?"

"그렇다고 볼 수 있지. 청동기를 만드는 자세한 순서는 도구편에 있으니 참고하렴!"

"그런데 쇠돌이 아저씨 청동기는 푸른색이 아닌가요?"

"아니야 조이야. 많은 사람들이 오해하고 있는 부분이란다. 청동기는 원래 약간 빨간색을 띄는 황색이란다. 그런데 시간이 지나면서 녹이 슬면 푸른색으로 보이는 것이지."

"아, 그래서 저를 비롯한 많은 사람들이 오해를 하는 거군요. 알겠습니다. 아저씨."

"아저씨 저도 청동기 만드는 체험을 하고 싶어요."

"그래? 그럼 이리 와서 이 **청동검**의 칼날 닦는 것을 도와주렴."

조이는 청동검을 닦으면서 문득 '돌쇠 아저씨보다 쇠돌이 아저씨가 더 어려운 일을 하시는 것 같다'고 생각했어요.

"쇠돌이 아저씨, 우리는 간석기랑 청동기를 같이 사용하잖아요. 아저씨가 청동기를 더 많이, 더 빨리 만들면 이제 청동기만 사용할 수 있지 않을까요?"

"조이야, 청동기를 만들 때 구리가 필요하다고 했지? 그 구리를 구하기가 아주 어렵단다. 그리고 아까 본 것처럼 만드는 과정도 복잡해서 청동기를 많이 만드는 것은 거의 불가능해."

"실제로 우리 부족에서도 청동기를 가지고 있는 사람은 군장님뿐이야. 청동으로 만든 칼인 청동검, 제사를 지낼 때 하늘에 소리를 전달하기 위해 만든 **청동방울**, 군장님의 권위를 상징하는 **청동거울**. 이렇게 모든 청동기는 군장님 물건이에요."

"아, 군장님처럼 부족을 대표할 수 있는 높은 사람이 되어야, 청동기를

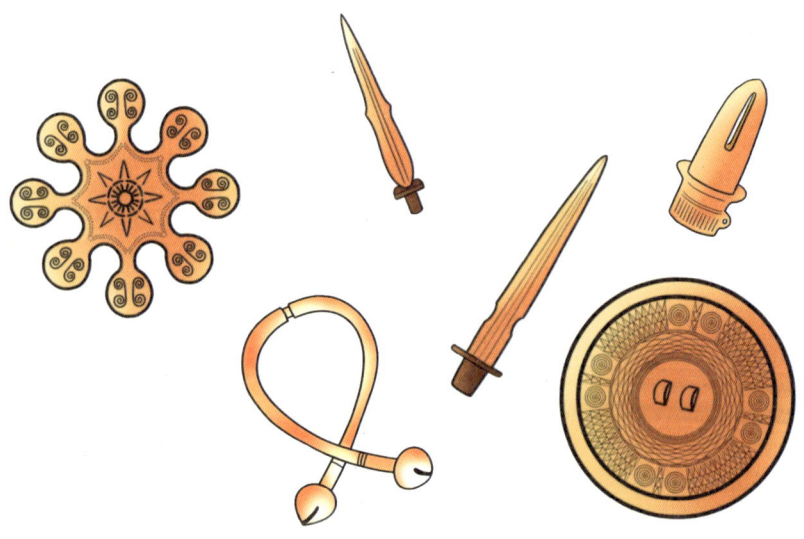

가질 수 있는 거구나! 좋아요! 그럼 나는 나중에 커서 청동기를 가질 수 있는 사람이 될래요!"

"어허 녀석~ 군장님이 되겠다니. 꿈이 아주 큰 녀석일세!"

"그럼 제가 닦은 이 청동검은 미래의 군장이 될 제가 가져도 되겠지요?"

"와우! 조이 너 정말 당찬 아이구나. 좋다. 이 청동검은 미래의 군장인 네게 선물하마!"

"정말이요? 감사합니다. 쇠돌이 아저씨."

조이는 청동검을 선물로 받아 뛸 듯이 기뻤어요. 청동검을 이리 저리 휘두르다 결국 옷을 베이고 말았네요.

조이의 옷 방 체험

조이는 찢어진 옷을 꿰매기 위해 옷방으로 왔어요. 옷방은 청동기 공방 바로 옆에 있는 건물이에요. 옷방은 바늘이 아주머니가 가죽옷을 만들기 위해 사슴뿔을 갈아 만든 **뼈바늘**로 열심히 바느질을 하고 있었어요. 바늘이 아주머니의 현란한 솜씨를 보면 누구나 감탄할 거예요.

"아주머니 제 옷이 찢어졌는데 꿰맬 수 있을까요?"

"그럼, 어차피 너도 옷 꼬매는 법을 배워야 하니 네가 직접 한 번 뼈바늘을 이용해 옷을 꿰매볼래?"

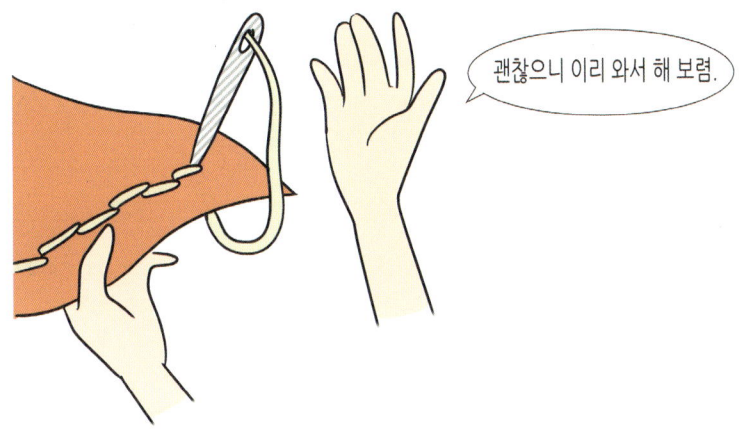

"와, 정말요? 아주머니 평소에도 옷 만드는 방법을 배우고 싶었어요."

"자, 먼저 천으로 만든 옷이든 가죽으로 만든 옷이든 몸 크기에 맞게 사이즈를 재서 정확하게 잘라요. 두 번째는 이 뼈바늘과 실을 이용해 옷을 이어주는 곳을 꿰매면 옷이 완성된단다. 한 번 해보렴."

"와, 정말 재미있어요. 옷 만드는 일이 이렇게 재미있는 줄 몰랐어요."

"옷은 모두에게 당연해서 소중한 줄 모르지만, 옷 만드는 일은 굉장히 중요한 일이란다. 마을 사람들이 옷을 좀 소중히 입었으면 좋겠어."

"네. 아주머니. 소중한 가르침 감사합니다."

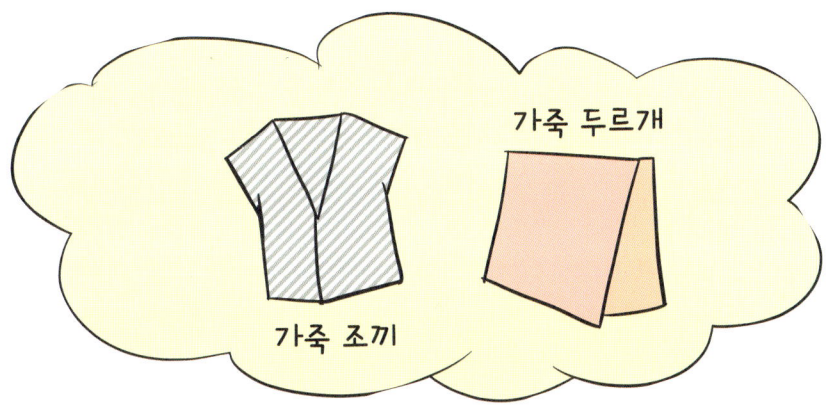

조이의 집 만들기 체험

조이는 중앙 광장으로 발걸음을 옮기다가 집터 아주머니가 마을의 새로운 **움집**을 만들고 있는 현장을 발견했어요. 새로운 집을 만드는 현장은 회의실 왼편에 있는 집이에요. 건물의 외관은 거의 완성되었고 건물의 안쪽을 만드는 중이에요.

'음식 만드는 곳도 갔고, 옷방도 다녀왔고, 그럼 이번에는 움집을 만드는 곳으로 가야겠다.'

"아주머니, 저도 움집 만드는 일을 도와 드리고 싶어요!"

"조이구나, 그래 그러면 거기 있는 통나무 좀 이쪽으로 옮겨줄래?"

밤에 화장실 가기 무서우니까
집에서 화장실로 이어지는 통로를 만들 거예요.

좋은 시도야!

"네, 아주머니. 와~ 그런데 이 통나무 정말 무겁네요. 그런데 이 통나무를 그대로 집 만드는 데 사용하시는 거예요?"

"그건 아니란다. 통나무를 홈자귀(돌도끼)를 이용해 잘라서 사용해야지. 조이야, 움집에 대해서 좀 배워볼테냐?"

"네, 아주머니. 우리가 살고 있는 집에 대해서 좀 더 알고 싶어요."

"좋다. 그럼 움집 설계도를 보고 설명을 하마!"

"이 몸이 만드는 움집은 그야말로 공간의 혁신이 살아 있지. 일단 내가 만드는 움집은 신석기시대와는 완전히 달라. 자, 들어보거라! 신석기시대의 움집은 땅을 깊게 판 후, 지붕을 얹은 초보적인 움집이었지만 지금은

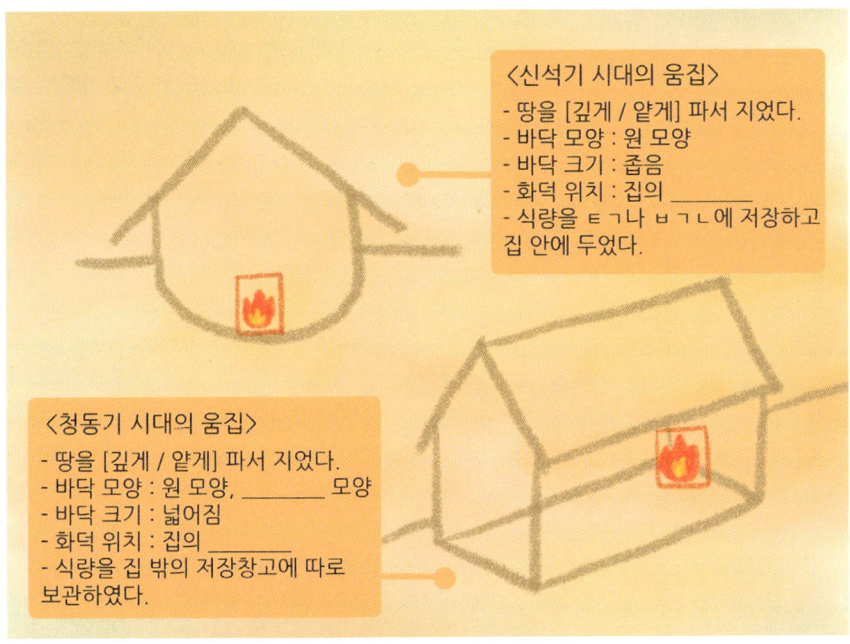

〈신석기 시대의 움집〉
- 땅을 [깊게 / 얕게] 파서 지었다.
- 바닥 모양 : 원 모양
- 바닥 크기 : 좁음
- 화덕 위치 : 집의 _____
- 식량을 ㅌㄱ나 ㅂㄱㄴ에 저장하고 집 안에 두었다.

〈청동기 시대의 움집〉
- 땅을 [깊게 / 얕게] 파서 지었다.
- 바닥 모양 : 원 모양, _____ 모양
- 바닥 크기 : 넓어짐
- 화덕 위치 : 집의 _____
- 식량을 집 밖의 저장창고에 따로 보관하였다.

땅을 조금만 판 후, 주춧돌과 기둥으로 벽을 세우고 그 위에 지붕을 얹어서 만들지. 훨씬 체계적이고 튼튼하게 지을 수 있지. 게다가 바닥의 모양도, 넓이도 달라요. 신석기시대에는 바닥이 동그란 원 모양이었고, 넓이도 좁았어요. 청동기시대의 움집은 동그란 모양은 물론, 네모난 사각형 모양의 움집도 만들 수 있어요. 그리고 실내도 굉장히 넓어서 쾌적하게 살 수 있어요."

- 〈아기돼지 쓰리〉의 이 장면을 떠올려 보세요.
쓰리는 화덕 옆에 누워서 천장을 보았겠죠?

밥퍼 아주머니의 주방을 - 떠올려 보세요.

"그뿐만이 아니라 사람들이 사는 움집, 식량을 저장하기 위한 창고 움집, 회의를 할 수 있는 회의실 움집 등 다양한 기능을 하는 움집을 만들 수 있을 정도로 기술이 좋아졌단다. 크하하하!"

"와, 우리 집이 그렇게 좋은 집이였군요!"

"그럼, 집 안을 따뜻하게 해주고 음식을 만들어 먹던 화덕도 전에는 집 가운데 설치하던 것을 벽 쪽으로 옮겨서 설치해서 집에서 사는 사람들이 사용할 수 있는 공간을 넓게 만들었지."

"청동기시대의 움집은 그야말로 건축기술의 혁신이 모인 것이군요!"

"그렇단다. 조이야 우리가 사는 집에 자부심을 가져도 된단다."

"아주머니, 설마 혁신적인 공간 활용이 또 있는 건 아니죠?"

"당연히 또 있지. 예전에는 식량을 저장하던 바구니들이 모두 집 안에 있었는데 이제는 저장창고를 집 밖에 따로 만들어서 보관하지. 덕분에 집 안이 더 넓어졌어. 이게 바로 공간혁신이란다! 크하하하!"

"와~, 정말 끝이 없네요! 아주머니가 정말 존경스러워요!"

"조이야, 사람이 살아가는 데 집이 없으면 되겠니? 쉴 수 있고 잘 수 있고 편하게 머무를 수 있는 공간, 그것이 바로 집이란다!"

조이는 집터 아주머니께 꾸벅 인사하고 서둘러 발걸음을 옮겼어요.

조이의 군인 체험

"이얏! 이얏!"

마을 중앙광장에선 많은 사람들이 군사훈련을 하면서 기합 소리를 내고 있었어요. 가운데에선 듬직한 지휘관 아저씨가 훈련을 지휘하면서 군사 기술을 병사들에게 가르쳐주고 있었어요.

"조이구나. 너도 군사훈련을 받으러 왔니?"

"네, 저도 무술 좀 알려주세요."

"그러자. 너도 마을의 일원이니 당연히 군사훈련을 받아야지. 저쪽에 있는 돌칼이나 돌도끼 중 마음에 드는 것을 가져오거라. 먼저 검술부터 훈련하자."

"자 검을 이렇게 잡고 이렇게 공격하는 거야! 수비할 때는 검을 위로 해서 막아야지. 이렇게~."

"아저씨, 저보다 큰 사람은 어떻게 싸워야 해요?"

"너보다 큰 사람과 싸울 때는 가까운 거리에서 싸우지 말고 먼 거리에서 이 **돌창**과 **돌화살촉**을 이용한 활을 사용해서 공격해야 유리하단다."

"자, 이번엔 활과 창 훈련이다."

군사훈련 두 시간 후.

"헉, 헉. 아저씨 정말 힘드네요. 잠깐 쉬었다가 해도 될까요?"

"그러자. 그래도 오늘 처음 훈련인데 아주 잘하고 있어!"

"지휘관 아저씨, 요새도 이웃 부족과 전쟁을 하나요?"

"아무래도 우리 부족의 땅이 농사가 잘되고 농작물이 부족의 재산이 되면서, 우리 땅과 농작물을 노리는 이웃 부족들이 많아졌어. 지난번엔 호랑이 부족이 밤에 갑자기 침입해서 우리 부족의 곡식 창고를 털어가는 사건도 발생했지. 호랑이 부족은 굉장히 용맹하고 무기를 능숙하게 다루는 부족이기 때문에 절대로 훈련을 게을리해서는 안 된다!"

"네!"

"자, 그럼 두 시간 더 훈련!"

"헉."

두 시간 후.

"아저씨, 저는 이렇게 힘든데 우리 마을 군사들은 정말 열심히 훈련을 하고 있네요. 불평 한마디 없이."

"조이야, 우리의 가장 중요한 무기가 무엇인 줄 아니? 가장 중요한 무기는 바로 부족을 위해 목숨을 바칠 수 있는 용기란다! 우리 군사들을 보렴, 부족을 위해 목숨을 바칠 수 있는 용기가 충만해 있어 훈련이 힘들다고 불평하거나 게을리하는 병사가 한 명도 없단다!"

"오오, 멋지다! 우리 군사들이 전쟁에서 지는 일은 없겠네요!"

"당연하지. 우리 부족은 자랑스러운 하늘신의 후손들이어서 무조건 승리한다!"

지휘관 아저씨의 말에서 우리 부족을 지켜준다는 자부심이 가득 느껴졌어요. 아마 군사 아저씨들이 없으면 우리 부족은 이미 호랑이 부족에게 졌을 거예요. 조이는 다시 한 번, 군사 아저씨들에게 고마웠어요.

조이, 드디어 군장님을 만나다

모든 직업체험을 다 해본 조이는 마을 나무 밑에 앉아서 쉬기로 했어요. 하루 종일 움직이느라 몸이 피곤하기도 했지만, 사실 머리가 더 아팠거든요. 오늘 체험해 본 모든 직업들이 다들 너무나도 중요해서 나중에 커서 무슨 직업을 가져야 하나 고민이 한가득이에요. 한참을 고민하던 조이는 가장 존경하는 군장님께 물어보기로 했어요.

군장님은 부족을 다스리시는 가장 높은 분이에요. 그리고 동시에 하늘에 제사를 지내는 제사장, 즉 샤먼이세요. 그러니까 군장님은 우리 부족의 왕이면서 신의 대리인이세요. 전쟁이 일어나거나 농사가 잘 되지 않는 등 부족에 큰일이 생기면 하늘에 제사를 지내는데, 군장님이 제사를 지내주세요. 소문으로는 군장님이 아픈 사람도 낫게 해준다고 해요. 아마 군장님이라면 조이의 고민을 해결해주실 거예요.

군장님은 인간일까, 신일까?

"어서 오거라 조이. 나는 네가 나에게 올 줄 알고 있었단다. 그리고 왜 왔는지도 다 알고 있지."

"어떻게 아셨어요?"

"하늘신께서 나에게 계시를 내려 주셨거든."

"와~ 역시 군장님은 대단하세요! 그럼 제 고민을 해결해주세요!"

"다들 그런 고민을 하지. 그런데 조이야, 아직 체험하지 않은 직업이 하나 있을 텐데?"

"네? 어떤 직업이 남았지?"

군장님이 씩 웃으면서 조이를 쳐다봤어요.

"아! 군장님도 직업이구나! 군장님은 아예 태어날 때부터 군장님인 줄 알았어요!"

"혹시 모르지, 조이도 나중에 커서 군장이 될 수 있으니 군장에 대해 알려주마."

군장님이 계신 제단은 하늘에 제사를 지내는 곳으로, 돌을 쌓아서 만들었어요. 제단에서 군장님이 하늘신과 대화하시기 때문에, 군장님처럼 하늘신과 대화할 수 있는 사람만 들어올 수 있는 아주 신성한 곳이에요. 군장님은 제단에서 하늘신의 계시를 받아 부족 사람들을 다스려요.

"작년에 농사가 잘 되도록 하늘신께 제사를 드렸던 모습이 기억나요. 그때는 그냥 흰 옷이 아니라 장신구가 여러 개 있으셨어요."

"평상시에는 부족을 다스리는 군장이지만, 제사를 지낼 때는 하늘신께 내 목소리를 전해야 하니 특별한 물건들을 착용해야 해. 그래야 하늘신께서 내 이야기를 들어주시거든."

조이는 특별한 물건들이 보고 싶어 두 눈이 반짝반짝했어요.

"굉장히 중요한 신물이라 아무나 보여줄 수 없지만, 특별히 너에게 체험할 수 있는 기회를 주마. 자 받거라!"

"우와, 이것은 청동검 아니예요? 와, 정말 날카롭고 신비하게 생겼어요."

"그렇지? 청동으로 만든 칼은 우리 부족의 왕이라는 상징물이지. 자 이것을 한 번 흔들어 볼래?"

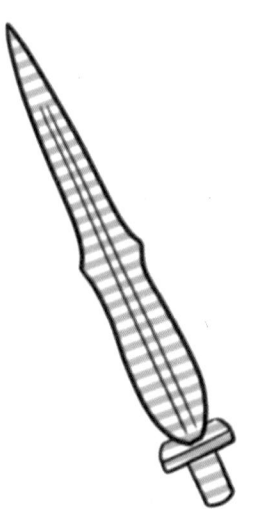

"어, 이것을 흔드니 소리가 나요. 신비한 소리~."

"그것은 바로 하늘신에게 우리의 소원을 전하는 청동방울이란다. 청동방울을 흔들면 신비로운 소리가 울려 퍼져서, 하늘신께서 나의 이야기를 들어주신단다. 자 마지막으로 짠~."

"우와~ 눈이 부셔요. 군장님 그건 뭐예요?"

"멋있지? 이것은 빛을 반사하는 청동거울이란다. 태양 빛이 반사되면 신비한 빛을 낼 수 있지. 이 신비한 빛이 바로 하늘의 계시인 거지! 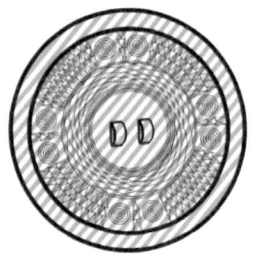 우리는 하늘신의 후손이기 때문에, 하늘신께 정성을 다해 제사를 지내면 항상 답을 주신단다. 자, 그럼 우리 조이의 앞날을 위해 점(미래를 미리 예언하는 일)을 쳐볼까?"

군장님은 주문을 외우시면서 눈을 감고 점을 치기 시작하셨어요.

"수리수리 마수리~ 아자카차파차차."

"아, 조이가 오기 전에 쳤던 복숭아 점의 점괘(점을 쳐서 나오는 풀이)가 나왔구나."

"뭐라구 써 있어요 군장님?"

"자, 어디 볼까? 조이야~ 하늘신께서는 네 운명은 스스로 개척해야 한다고 하셨단다."

'내 운명은 내 스스로 개척한다.'

군장님의 점괘를 들은 조이는 제단 밖으로 나왔어요.

마음은 복잡했지만, 왠지 큰 깨달음을 얻은 것 같았어요. 과연 조이는 어떤 운명을 개척하게 될까요?

조이네 가족 대화방이에요. <보기>에서 적절한 말을 골라 빈칸을 채워주세요.
만약 잘 모르겠다면 앞으로 돌아가서 다시 이야기를 읽어보세요.

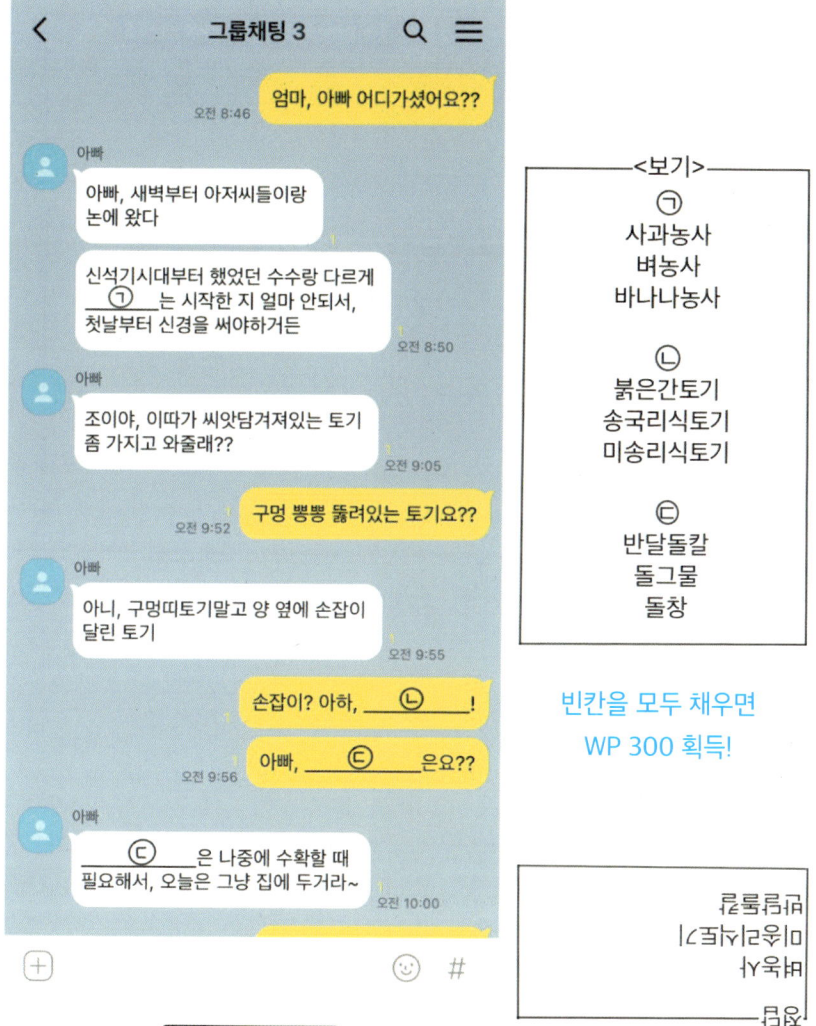

빈칸을 모두 채우면
WP 300 획득!

정답: 벼농사, 미송리식토기, 반달돌칼

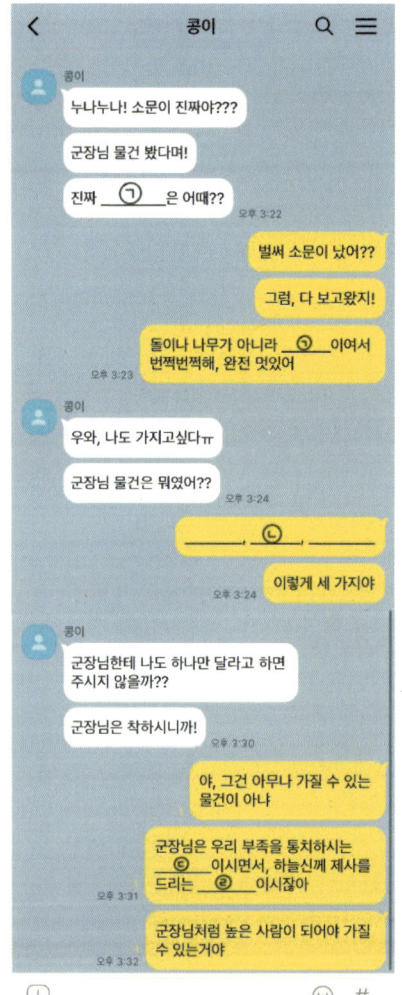

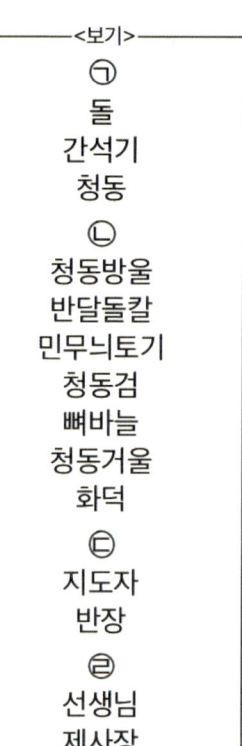

빈칸을 모두 채우면
WP 300 획득!

정답
㉠ 돌
㉡ 간석기, 청동방울, 청동검
㉢ 지도자
㉣ 제사장

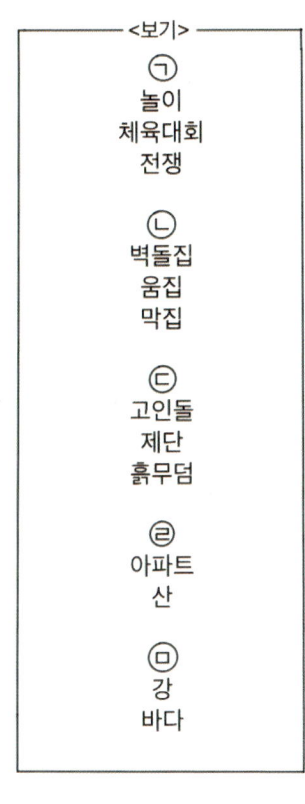

빈칸을 모두 채우면
WP 400 획득!

2. 청동기시대 사람들은 어떤 도구를 사용했을까?

조이의 결정

드디어 조이가 선택해야 하는 날이 왔어요. 조이는 군장님 앞에 나아가 지금이 청동기시대인 만큼 청동기를 만드는 일을 하고 싶다고 이야기했어요. 군장님은 크게 기뻐하시면서 조이의 선택을 허락하셨고 청동기 만드는 법을 배운 다음 다른 곳에서도 여러 가지 체험을 하면서 많은 것들을 배우도록 하셨어요.

 이 소식을 들은 청동기 만드는 곳의 책임자인 쇠돌이 아저씨는 매우 기 뻐하시면서 조이에게 청동기 만드는 과정에 대해 자세히 설명해 주셨어 요. 우리 모두 조이와 함께 청동기 만드는 방법에 대해 알아볼까요?

 "청동기를 만들기 위해선 반드시 네 가지 단계를 거쳐야 한단다."
 첫째, 금속인 구리에 높은 온도를 가해 용액(물과 같은 액체)로 만들 어야 해! 구리에 다른 금속을 첨가하면 더욱 단단한 청동이 된단다.
 둘째, 용액을 거푸집(금속을 녹여 부어 어떤 물건을 만들기 위한 틀)에 부어야 해! 매우 높은 온도기 때문에 정말 조심해야 하지!
 셋째, 이제 거푸집에서 굳어서 단단해진 청동기를 떼어 내고 숫돌에 갈아서 날카롭게 만들어야 해!
 넷째, 마지막으로 손질을 해서 아름다운 청동기를 탄생시키는 거란다.

농사 도구 결정하기

조이는 청동기 만드는 법을 배운 후 아버지가 일하고 계신 밭으로 향했어요. 농사를 배워보기 위해서죠. 농사짓는 법은 모든 부족 사람들이 반드시 배워야 하는 중요한 일이에요. 농사를 잘 짓기 위해선 농사에 필요한 도구가 필요하지요.

> 여러분이 가진 WP를 잘 활용하세요! WP가 더 필요하다면 생활모습으로 돌아가 복습을 한 후 퀴즈에 다시 한 번 도전해서 필요한 WP를 획득하세요!

아버지는 밭을 가는 데 가장 강력한 도구인 **곰배괭이**를 챙기셨고 털보 아저씨는 곡식을 수확하는 데 아주 효율적인 돌낫을 챙기셨어요. 과연 조이는 어떤 농사도구를 챙기면 좋을까요?

곰베괭이

땅을 파는 데 쓰는 도구로 신석기시대 돌괭이의 업그레이드 버전입니다. 돌괭이와 달리 어깨가 매우 뚜렷하고 날 폭이 훨씬 넓어 땅을 효과적으로 팔 수 있습니다.

WP 300   농작물 수확량 +30   작업속도 5

돌낫

농작물을 수확하기 위해 이삭을 베거나 풀 또는 잔가지 등을 베는 데 사용하는 농사 도구로 날이 아주 날카로워 이삭이 아주 잘 잘립니다.

WP 200   농작물 수확량 +20   작업속도 10

반달돌칼

곡물을 수확하기 위해 이삭을 베는 데 아주 유용한 반달 모양의 돌칼로 날이 아주 날카로워 이삭이 아주 잘 잘립니다.

WP 500   농작물 수확량 +40   작업속도 5

따비

땅을 파는 데 쓰는 농사도구로 흙덩이를 잘게 부술 때 알맞으며 땅을 깊게 팔 수 있는 장점이 있습니다. (쟁기, 보습과 비슷한 도구입니다.) 다만 혼자 사용하긴 힘들고 둘 이상 또는 가축을 이용해야 효과적입니다.

WP 200   농작물 수확량 +40   작업속도 30

홈자귀

돌도끼의 일종으로 나무자루에 갈아서 만든 도끼날을 끼워 만든 도구입니다. 주로 나무를 자르는 데 쓰이지만 땅을 파는 데도 사용되었습니다.

WP 100   농작물 수확량 +10   작업속도 20

토기 결정하기

조이는 농사짓는 법을 배운 후 령토 아저씨가 일하고 계신 토기 만드는 곳으로 향했어요. 밭에서 수확한 곡식을 저장하기 위해 토기를 밭으로 가져가야 하기 때문이지요. 농사를 잘 짓는 것 이상으로 수확한 곡식을 제대로 저장하는 것이 중요해요. 그렇지 않으면 곡식이 다 썩어서 버려요.

령토 아저씨는 겉모습이 가장 화려하고 광택이 나는 **붉은간토기**를 챙기셨지만 조이는 붉은간토기를 선택하지 않았어요. 겉모습보다는 곡식을 많이 제대로 담을 수 있는 토기가 필요하다고 생각했기 때문이예요. 과연 조이는 어떤 토기를 챙기면 좋을까요?

붉은간토기

토기의 바닥이 매우 넓고 납작하며 몸통은 옆으로 넓게 퍼져 있지만 토기의 입구가 좁은 것이 특징입니다. 토기의 표면을 매끄러운 도구로 문지른 후에 구워 표면에 광택이 납니다.

WP 400   농작물 저장량 +30   농작물 신선도 -20

송국리식토기

토기의 바닥이 납작하며 몸통은 계란모양으로 부푼 모양입니다. 충남 부여 송국리에서 발견되어서 송국리식토기라고 부릅니다.

WP 200   농작물 저장량 +70   농작물 신선도 -40

구멍띠토기

토기의 바닥이 매우 좁고 납작하며 몸통 전체가 위로 열려 있는 모양입니다. 왜 이름이 구멍띠 토기일까요?

WP 300   농작물 저장량 +50   농작물 신선도 -20

미송리식토기

토기의 바닥이 납작하고 몸체는 통통한 편이며 목이 위로 올라가면서 넓어진 것이 특징입니다. 북한의 평안북도 의주 미송리에서 발견되어 미송리식토기라고 부릅니다.

WP 400   농작물 저장량 +40   농작물 신선도 -10

제사 도구 결정하기

조이는 토기에 담은 곡물을 저장 창고에 넣은 후 군장님이 계신 제단으로 향했어요. 오늘은 군장님이 농사가 잘 되도록 하늘에 제사를 지내는 날이기 때문이랍니다.

마을 사람들이 애써 지은 농사가 비바람으로 인해 망치게 되면 큰일이에요. 마을 사람들이 모두 굶어 죽을 수도 있어요. 그래서 모든 부족 사람들은 군장님이 제사를 지낼 때 모두 모여 하늘 신에게 농사가 잘 되도록 제물을 바치고 기도를 드려요.

제단에 올라간 조이도 군장님의 기도가 하늘에 닿아 올 한해 농사가 풍년이 되어서 마을 사람들이 모두 배부르게 살 수 있게 해달라고 마음 속으로 기도했어요.

군장님은 조이를 기특하게 여기셔서 자신이 제사를 지낼 때 옆에서 제사를 도와주는 역할을 맡기셨어요. 제단에 올라가는 조이는 반드시 제사에 필요한 물건을 몸에 지녀야 하는데 군장님은 이미 **비파형동검**과 청동 거울을 몸에 지니고 계시네요. 조이는 어떤 제기(제사에 필요한 도구)를 선택하면 좋을까요?

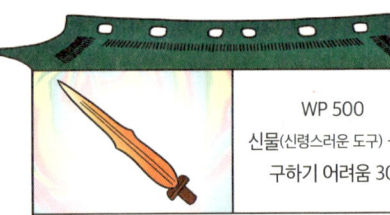

WP 500
신물(신령스러운 도구) +50
구하기 어려움 30

비파형동검
청동으로 만든 칼로 칼날이 중국의 악기 비파를 닮았다고 하여 붙여진 이름입니다. 칼은 힘을 상징하기 때문에 제사장(군장)의 권위(힘)를 상징합니다.

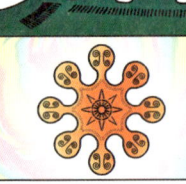

WP 500
신물(신령스러운 도구) +50
구하기 어려움 40

청동방울(팔주령)
청동으로 만든 방울로 여러 종류가 있으며 팔주령은 8개의 가지 끝에 방울이 달려 있다 해서 붙여진 이름입니다. 뒷면에는 줄을 매달 수 있는 고리가 달려 있습니다. 청동방울은 제사를 지낼 때 소리를 내어 성스러움을 연출하는 역할을 했다고 생각되고 있습니다. 제사장의 신령스러움을 상징합니다.

WP 500
신물(신령스러운 도구) +90
구하기 어려움 70

청동거울(고운무늬거울)
청동으로 만든 거울로 거울 뒷면에 동심원과 삼각형의 무늬들이 규칙적으로 새겨져 있습니다. 줄을 매달 수 있는 고리가 달려 있어 목에 걸어서 사용한 것으로 생각되고 있습니다. 청동거울은 제사를 지낼 때 태양빛을 반사시켜 성스러움을 연출하는 역할을 했다고 생각되고 있습니다. 제사장의 신령스러움을 상징합니다.

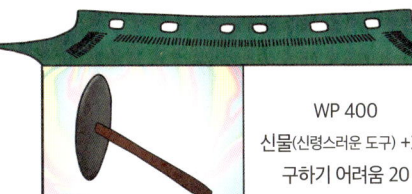

WP 400
신물(신령스러운 도구) +20
구하기 어려움 20

바퀴날도끼
전체적으로 둥근 모양을 띄고 있고 가운데에 구멍이 뚫려 있습니다. 한쪽은 둥그스름하고 다른 한쪽은 편편한 돌로 만든 도끼입니다. 제사장(군장)의 권위(힘)를 상징합니다

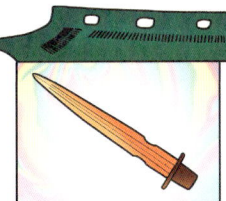

WP 700
신물(신령스러운 7구) +70
구하기 어려움 50

세형동검(한국식동검)
청동으로 만든 칼로 칼날이 가늘어서 붙여진 이름입니다. 세형동검은 우리나라에서만 발견되어 한국식동검이라는 이름으로도 불립니다. 칼은 힘을 상징하기 때문에 제사장(군장)의 권위(힘)를 상징합니다.

WP 500
신물(신령스러운 7구) +50
구하기 어려움 40

청동방울(간두령)
제사장이 손에 들거나 짚었던 지팡이나 막대 끝에 방울모양의 장식을 끼워 사용한 도구입니다. 간두령에는 줄을 매달 수 있는 고리가 있어 여러 줄을 매달아 성스러움을 표현했을 것이라고 생각됩니다. 제사를 지낼 때 소리를 내어 성스러움을 연출하는 역할을 했다고 생각됩니다. 제사장의 신령스러움을 상징합니다.

전쟁의 시작

조이가 하늘에 제사를 지내고 내려오는 길에 부족 사람들이 부산하게 뛰면서 어디론가 향하고 있는 모습이 보였어요. 알고 보니 호랑이 부족(호랑이를 신으로 섬기는 부족)이 강을 건너 우리 부족의 마을에 침입하고 있다고 해요. 호랑이 부족은 이전에도 우리 부족이 농사를 짓고 있는 땅을 탐내어

여러 번 침입한 적이 있는데 이번에도 우리 땅을 차지하기 위해 침입한 것이에요.

군장님은 모든 부족민들에게 부족을 지키기 위한 전쟁에 참여하도록 명하였고 모든 부족민들은 각자의 무기를 챙겨 마을 중앙 광장에 모였어요. 군장님은 마을 광장에 모인 부족민들을 위해 하늘에 기도를 드려요.

군장님이 차고 계신 태양빛이 반사된 청동거울에선 신령스러운 빛이 뿜어져 나오고 오른손에 뽑아 든 청동검에선 날카로운 기운이 맴돌았으며 왼손에 든 간두령에선 승리를 기원하는 방울소리가 낭랑하게 들려 와요. 군장님은 하늘신이 우리 부족을 도와 호랑이 부족을 막아낼 것이니 걱정하지 말고 싸움에 임하라고 용기를 북돋아 주셨어요.

청동기시대에는 부족 간 전쟁이 자주 일어났어요. 많은 부족민을 먹여 살리기 위해선 좋은 땅이 필요한데 좋은 땅은 많지가 않아요. 조이네 부족이 살고 있는 곳은 많은 사람들이 살기에 아주 적합한 곳이에요. 그래서 다른 부족들의 침입을 자주 받아요.

조이는 이번 전투가 태어나서 처음으로 참가하는 전투라 무척 떨리고 긴장돼요. 하지만 조이도 부족을 위해 목숨을 바칠 각오가 되어 있어요. 조이가 부족의 승리를 위해 챙겨가야 할 무기는 무엇일까요?

	WP 700
	공격력 +50
	방어력 +20

세형동검
청동으로 만든 칼로 칼날이 길고 가늘어서 붙여진 이름입니다. 제사용 도구이자 무기입니다. 공격력은 최고이지만 구하기가 어렵습니다.

	WP 500
	공격력 +20
	방어력 +20

비파형동검
청동으로 만든 칼로 칼날이 중국의 악기 비파를 닮았다고 하여 붙여진 이름입니다. 제사용 도구이자 무기입니다. 칼날이 두꺼워 적을 제압하기가 쉽지 않습니다.

	WP 500
	공격력 -20
	방어력 +50

청동투구
청동으로 만든 투구로 머리를 보호해주는 역할을 합니다. 방어력이 아주 훌륭한 도구이지만 생산량이 적어 아주 소수의 사람만이 사용할 수 있었습니다.

	WP 300
	공격력 +20
	방어력 -10

홈자귀
돌도끼의 일종으로 아주 곱게 간 돌도끼를 나무자루에 매듭으로 끼워 사용하는 도구입니다. 원래는 나무를 자르는 용도로 사용하여 움집을 제작하는 데 사용하지만 전투에서 적을 제압하는 데도 사용할 수 있습니다. 가까운 거리의 적을 제압하는 데 적합합니다.

돌창
곱게 간 돌에 긴 나무를 매달아 창으로 사용하는 무기입니다. 만들기가 쉽기 때문에 대부분의 군사들이 휴대한 무기입니다. 조금 떨어져 적을 공격하는 데 적합합니다.

WP 200
공격력 +20
방어력 +20

WP 200
공격력 +10
방어력 +10

돌칼
돌을 갈아 칼로 만든 무기입니다. 만들기가 쉽기 때문에 대부분의 군사들이 휴대한 무기입니다. 가까운 거리의 적을 제압하는 데 적합합니다.

WP 500
공격력 +50
방어력 -30

화살과 돌화살촉
곱게 간 돌을 화살촉으로 만들어 화살을 쏘아 적을 제압하는 무기입니다. 만들기도 쉽고 공격력이 좋지만 정확한 목표를 맞히기 위해선 많은 훈련이 필요합니다. 멀리 떨어져 있는 적을 제압하는 데 적합합니다.

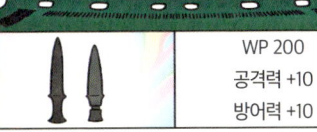

WP 300
공격력 +10
방어력 -10

톱니날도끼
톱니처럼 날카로운 날들이 가장자리로 뻗치고 가운데 구멍이 뚫린 돌도끼로, 바퀴날도끼와 함께 제사용 또는 무기용으로 사용된 도구입니다. 모양이 별을 닮았다고 해서 별도끼라고도 불립니다.

3. 청동기시대 죽음은 어떤 의미였을까?

군장님의 죽음

지난번 조이네 마을 사람들은 호랑이 부족과 치열한 전투를 치렀어요. 힘든 싸움 끝에 전투에서는 이겼지만, 군장님께서 화살에 맞아 돌아가시고 말았어요.

군장님은 부족의 샤먼이자 가장 높으신 분이세요. 모두가 평등하던 신석기시대와는 다르게, 청동기시대에는 사람 사이에 높고 낮음, 즉 **신분제도**가 생겼어요. 그래서 군장님처럼 높은 사람이 있었어요.

모두가 존경하던 군장님이 돌아가시고 난 후, 부족 사람들이 슬퍼했어요. 그중에서도 유독 군장님을 잘 따르고 존경하던 조이에게는 너무나도 힘든 날이었어요.

한참을 집 안에 누워만 있던 조이는, 군장님의 마지막을 함께 하기 위해 **고인돌**을 쌓아 올리는 현장으로 발걸음을 옮겼어요.

"아버지, 저 왔어요. 군장님의 마지막을 함께 할래요."

"그래, 군장님도 아마 조이 마음을 알고 좋아하실 거야."

에휴... 얼마나 충격이 클까.

울고만 있을 수는 없잖아요.

우리 조이...
그래, 같이 하자.

> 고인돌은 돌이 무너지지 않도록 아래를 받친, 돌로 만든 무덤이에요. 청동기시대의 가장 대표적인 무덤이어서 한반도에서 많이 발견됐어요.

고인돌은 매우 커서 500명이 넘는 사람들이 필요해요. 그래서 조이네 부족 사람들 중 절반 이상이 힘을 합쳐야 해요. 수많은 사람들이 단 한명을 위해 이렇게 큰일을 해내는 것으로 보아, 군장님은 굉장히 높으신 분이 틀림없어요.

부족 사람들은 산에서 아주 큰 돌을 떼어왔어요. 돌을 잘 다듬은 후 ㅁ자로 세워서 방 모양으로 만들어요. 이 방은 무덤방이라고 부르고, 무덤방에는 죽은 사람이 들어가요. 조이네 부족처럼 땅 위에 무덤방을 만드는 곳도 있고, 땅 속에 무덤방을 만드는 부족도 있어요.

무덤방에 군장님을 묻자, 군장님 가족들은 물건들을 가지고 왔어요. 군장님이 아끼시던 청동검, 제사 때 사용하던 청동방울, 직접 만들어서 소중하다던 민무늬토기까지, 군장님이 평소에 자주 사용하시거나 아끼는 물건들을 같이 무덤방에 넣어줬어요. 돌아가신 후의 세상에서 군장님이 사용하실 거예요.

조이도 조심스럽게 반달돌칼을 하나 넣었어요. 군장님이 조이에게 선물로 주었던 돌칼이에요. 조이의 모습을 보고 아버지가 기특하다는 듯 조이의 머리를 쓰다듬었어요.

군장님, 이제 편히 쉬세요...

이제 무덤방을 덮을 차례예요. 무덤방 높이만큼 주변에 흙을 쌓은 다음에, 지붕 역할을 할 덮개돌을 올려요. 언덕 위로 큰 덮개돌을 올리느라 마을 사람들이 모두 함께 힘을 냈어요. 덮개돌이 올라가면 주변에 쌓았던 흙을 치워요. 이렇게 어른들보다 훨씬 큰 군장님의 고인돌이 완성됐어요.

그 후 군장님이 편안하시길 바라면서 제사를 지냈어요. 조이도 군장님이 더 이상 아프지 않고 행복하시기를 기도했어요.

조이의 SNS에 새 글이 올라왔어요. 오늘 조이네 마을에서 있었던 일을 잘 떠올려 보세요. <보기>에서 적절한 답을 골라 빈칸을 채워봅시다.

i_am_joy

좋아요 173개
i_am_joy

\#_____ \#_____ \#_____
\#_____ \#_____ \#_____

댓글 132개 모두 보기

3시간 전

<보기>
\#무덤방속군장님 \#고인돌은대충대충 \#군장님을위한고인돌 \#주인잃은청동방울
\#우리의샤먼,우리군장님 \#아름다운빗살무늬토기 \#돌칼도함께
\#그곳에서는편안하세요 \#청동검은내가가질래

"청동기 사람들은 농사짓기 유리한 곳을 골라 정착생활을 했단다. 마을 주변에 나무로 만든 담을 쌓고 담 주위로 도랑을 파서 다른 부족의 침입을 대비하기도 했지. 부족을 이루어 살면서 부족간 전쟁도 잦았지만, 마을사람들끼리 똘똘 뭉쳐 농사도 함께 짓고 사냥도 함께 하며 공동체생활을 했어.

4. 농경문 청동기를 통해 청동기시대를 좀 더 탐구해봅시다

따비로 밭을 일구는 남자와 괭이를 치켜든 사람, 항아리에 무언가를 담고 있는 사람을 발견했나요? 이 그림은 봄에 밭을 갈고 흙덩이를 부수는 장면과 가을에 수확한 곡물을 항아리에 담는 과정이에요. 다른 쪽면에는 두 갈래로 갈라진 나무 끝에 새가 한 마리씩 앉아 있는 모습이 그려져 있어요. 새는 예로부터 곡식을 물어다주어 마을의 안녕과 풍요를 가져오고 하늘의 신과 땅의 주술자를 연결시켜 주는 존재로 인식되어 왔어요. 따라서 이런 그림들을 통해 농경문 청동기는 한해의 풍요와 안녕을 비는 유물로 추정하고 있습니다.

농경문 청동기의 사진을 참고하여 아래 그림에 알맞은 스티커를 붙여 봅시다. 그리고 없어진 부분을 상상해서 자유롭게 그려보세요.

스티커를 붙여보세요

17쪽

先史時代

18쪽

27쪽

30쪽

41쪽
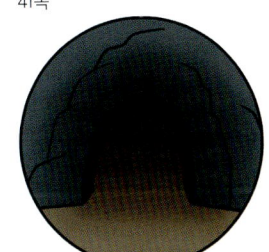

39쪽

43쪽
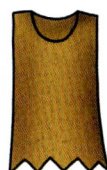 

58~61쪽
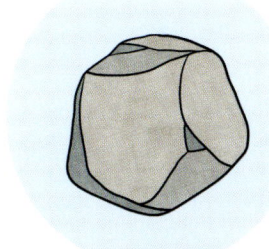 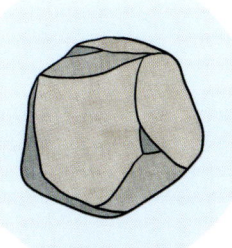 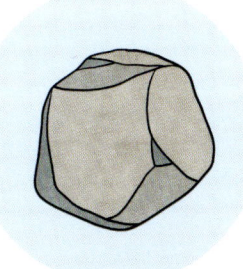

123쪽

134쪽

136쪽

140쪽

171쪽

184쪽

194쪽

196쪽

200쪽, 204~205쪽

218~219쪽